何歆 赵月 李增明 编著

名著原来这么好看

别样的《论语》

清华大学出版社

北京

内 容 简 介

　　这是一本适合全学段中学生阅读的语文课外读物。全书解构《论语》原有的篇章顺序，以新的逻辑重构《论语》章句，使其更清晰、易读。本书从生活情境入手，关联课内知识，进行拓展延伸和迁移应用，使其更生动、有趣。本书着重阐释《论语》的核心概念，分析孔门重要弟子的精神内核，阐述《论语》的思想内涵、文化价值和其在当下的意义。

　　本书针对中学各学段学生的阅读特点，遵循名著阅读的底层逻辑，引导读者从不同视角和层面思考问题，进行别样的解读。本书一方面培养读者的逻辑思维能力和创造性解决问题的能力；另一方面有助于读者理解儒家文化，培养其家国情怀，建立文化自信，增进中华文化认同。本书可以作为青少年语文学习的读物，也对热爱传统文化的朋友具有较高的参考价值。

图书在版编目（CIP）数据

　　名著原来这么好看：别样的《论语》/ 何歆，赵月，李增明编著 .
北京：清华大学出版社，2024. 12.
ISBN 978-7-302-67742-0

　　Ⅰ . B222.2-49

　　中国国家版本馆 CIP 数据核字第 2024H5V446 号

责任编辑：杜春杰
封面设计：刘　超
版式设计：楠竹文化
责任校对：范文芳
责任印制：刘　菲

出版发行：清华大学出版社
　　　　　网　　　址：https://www.tup.com.cn，https://www.wqxuetang.com
　　　　　地　　　址：北京清华大学学研大厦 A 座　　　　邮　　编：100084
　　　　　社 总 机：010-83470000　　　　　　　　　　邮　　购：010-62786544
　　　　　投稿与读者服务：010-62776969，c-service@tup.tsinghua.edu.cn
　　　　　质量反馈：010-62772015，zhiliang@tup.tsinghua.edu.cn
印 装 者：小森印刷（北京）有限公司
经　　销：全国新华书店
开　　本：170mm×230mm　　　印　　张：13　　　字　　数：222 千字
版　　次：2024 年 12 月第 1 版　　　　　　　印　　次：2024 年 12 月第 1 次印刷
定　　价：79.80 元

产品编号：107104-01

前　言

　　经典名著真的晦涩难懂吗？其实只要我们找到一个全新的视角，进行别样的解读，阅读名著就可以很简单！

　　经典名著和文学创作自有它的底层逻辑和基本规律，如果我们从日常生活中与名著关联的内容入手，如果我们真正体悟到了名著的内涵和情感，如果我们可以运用名著里的思维和智慧解决现实问题，那么，我们就很容易跨越时空，与经典对话。这时我们会发现，名著原来这么好看！

　　很多同学对阅读经典名著有畏难情绪，认为名著"难且无用"，缺少主动阅读的意愿。究其原因，一方面，从名著考查现状来看，随着考查难度和深度的不断加大，大多数同学带着备考的压力和答对题的目的去读名著。于是，学生对《论语》的学习大多集中在翻译词句、概括章旨等方面，对《红楼梦》的学习大多集中在梳理重要情节、分析主要人物等方面。以考促读，便使阅读索然无味。

　　另一方面，从名著本身的特点来看，《论语》逻辑性不强，趣味性不够，但很多章句意蕴深刻，需要解构并重新梳理建构；《红楼梦》含蓄蕴藉，需要对小说里的叙事结构、创作手法、生命意识、文化因素、悲剧意蕴进行深层剖析。

　　阅读名著本身就是超越时空的活动，是与经典和先贤的一场对话，读者要对作家、作品、时代有深入的理解和观照，才能真正地走近经典。

　　实际上，阅读名著不仅是为了应对考试，更是为了丰盈精神世界，完善人格。阅读名著可以让学生从传统文化中汲取智慧和力量，帮助学生解决学习和生活中的难题，处理好个人与他者，个人与社会、国家、人类的关系。《红楼梦》

中的人物性格鲜明，才华卓荦，学生从他们身上可以观照自我，启迪人生。《论语》里的人物具有各异的理想才能、人格修养和人生选择，《论语》里为人、为学、为政的智慧，至今依然可以帮助我们化解冲突，打破僵局。

"名著原来这么好看"系列兼具知识性、科学性和趣味性，将名著情境化、结构化、主题化、审美化。

本系列图书立足于中学必备知识，充分考虑初高中学生年龄段的思维特点，与课内知识相辅相成。本系列图书回归语文和思维的底层逻辑，内化语文学科思维方法，旨在提升学生的思辨创新、逻辑推理、提出并解决问题等高阶思维能力，提高学生的语文核心素养。同时，在中西方文化碰撞与交融的当下，探寻名著里的文化因素，感悟其中的社会生活和家国情怀，感受中华文化的深层结构，更有助于弘扬传统文化，建立文化自信。

本系列图书分为两册编写，第一册《名著原来这么好看：别样的〈论语〉》重构《论语》的章句逻辑，以阐释核心概念为起点，挖掘其精神内核，阐述其思想文化价值和其在当下的意义，探寻道德根基，感悟家国情怀；第二册《名著原来这么好看：别样的〈红楼梦〉》剖析《红楼梦》的深层意蕴，分析其多元层叠的结构、多重皴染的隐喻表达、多义互映的悲剧主题，探寻其象征意蕴和矛盾世界。

为了实现目标，本书设置了不同板块，在书写过程中以"名著与生活"为切入点，重点突出"思考与联想""拓展与延伸"等栏目，在"究底与寻根"栏目中分析名著背后所涉及的文化现象和深刻内涵，在"迁移与小试"栏目中印证读者对本章节的理解，拓展思维。

"名著与生活"：从真实生活情境中提出问题，引导学生获得亲身探索、研究的体验，生动有趣，激发思考。"思考与联想"：启发学生从不同视角、不同层面思考具体生活情境中的问题，搭建思维路径，寻找生活与经典名著内容相关联之处，让学生体会到生活中处处与名著相关。"究底与寻根"：探究经典名著的深刻意蕴，探寻其背后的文化心理、文化因素，体会阅读经典名著的重要意义。"拓展与延伸"：对与中学相关的《论语》知识进行拓展补充，发散学生的思维；挖掘文化价值，开阔学生视野，培育青年的爱国情怀，使其以更高的视角审视经典名著。"迁移与小试"：给出与本节知识相关的思考问题，预留思维空间，鼓励读者应用上述思考和感悟大胆迁移和实践。

这本有关名著阅读的书是力求严谨的，作为编写者的我们在阐释概念、解读思想、剖析意蕴的过程中都经过了深入思考，其中融入了诸多学术成果和前沿观点。这本书是在大量学术研究的基础上，结合中学生的年龄特点的再加工的成果。在编写过程中，我们以与生活关联的问题为导向，以问题解决为目的，以解读经典名著内涵为路径，引领读者走近经典，从而实现"化难为易、深度阅读"的目的。本书配合初高中语文名著阅读教学进行学科拓展，从学生年龄特点出发，意在为学生提供一个思维提升的平台，拓宽学生的视野，并成为中学名著教学的有效补充。

本书的编写首先要感谢我们的同学们，正是大家在阅读经典名著的过程中敢于提出问题，勇于表达困惑，才激励我们有勇气去完成本书。

还要感谢为本书的编写提供素材的专业研究者们，我们只是在他们的基础上做了一件为学生化难为简的事情。

需要感谢的人太多，难免遗漏，在此向所有帮助过我们的人表达我们的敬意！

由于编者能力有限，书中难免有疏漏之处，敬请读者不吝指正。

名著是深邃的，这里有历史文化、道德哲学、人生智慧……

名著是丰厚的，这里有生命体验、审美观照、家国情怀……

名著原来这么好看，让我们翻开书页一起阅读吧！

何歆

2024 年 5 月于北京

目　录

第一章
《论语》里的底层逻辑

　　《论语》不仅是一本书，也是全球的文化财富。在山东曲阜的一场活动中，中外学生共读《论语》，探讨孔子的思想，这不仅是一种学习，更是文化的交流。《论语》的影响力就像经典旋律，无论时代如何变迁，总能触动人心。

　　孔子是一位伟大的教育家和思想家，他的教育思想和人格魅力受到了世界各地的尊敬。孔子的思想不仅是中国的宝藏，它还为构建"人类命运共同体"提供了智慧。他以"仁"和"礼"为基础构筑的社会理想，与今天我们构建的和谐世界的理念不谋而合。《论语》是由孔子的弟子及再传弟子编撰的，它集中体现了孔子及儒家学派的政治主张、伦理观念、道德规范和教育原则。这些深邃的思想背后有它的底层逻辑，只有读懂它的底层逻辑，才能真正读懂《论语》。

　　在本章中，首先，我们可以展开想象，如果孔子和苏格拉底这两位思想巨星相遇，会擦出怎样的火花？

　　其次，我们还会学习《论语》给现代青年的成长带来的启示。

　　最后，我们会学习孔子为什么被称为"圣人"？因为他在思想、学问、教育、政治和道德上都有卓越贡献。他提出的"己欲立而立人，己欲达而达人""己所不欲，勿施于人"等思想，不仅影响了中国，也影响了全世界。

　　下面让我们一起走近孔子，感受孔子的思想光辉吧！

第一节 什么是论？什么是语？

名著与生活

近年来，《论语》变得越来越火。不仅国内的小伙伴在诵读《论语》，就连外国的朋友们也加入了这个行列。

在山东曲阜的一场活动中，中国的学生和来自世界各地的留学生们一起，用中英文双语朗读《论语》的经典篇章。他们还用双语交流，探讨孔子的思想，让外国朋友也能亲身体验到儒家文化的魅力。

这不仅仅是一场活动，更是一次文化的交流。《论语》的智慧和魅力已经跨越了国界，成为全球的共同财富。它的影响力，就像那些经典的旋律，无论时间怎么流逝，总能打动人心，永远不过时。

所以，下次当你拿起《论语》的时候，不妨也邀请你的朋友们一起读一读（见图 1-1），感受这份跨越千年的智慧，说不定还能交到来自不同文化背景的新朋友呢！让我们一起把这份美好的文化传承下去吧！

图 1-1 学生共同探讨《论语》

思考与联想

孔子作为一名伟大的教育家、思想家，在世界各地被很多人尊敬和推崇。美国诗人、哲学家爱默生认为"孔子是全世界各民族的光荣"。1988 年，75 位诺贝尔奖的获得者在巴黎集会，会议结束后他们发表了联合宣言，称"人类如果要在

21 世纪生存下去，就必须回到 2500 年前，去孔子那里汲取智慧"。

孔子以及《论语》有如此深远的文化影响力。你是否了解《论语》一书的由来呢？

《论语》是孔子的弟子及再传弟子记录孔子及其弟子言行的一部语录文集，成书于战国前期。全书共 20 篇 492 章，以语录体为主，叙事体为辅，较为集中地体现了孔子及儒家学派的政治主张、伦理思想、道德观念、教育原则等。

我们总是提及《论语》，但你有没有思考过"论语"一词到底是什么意思？什么是"论"？什么是"语"？

关于"论"的读音和含义，学者们历来众说纷纭，下面我们简单了解一下。

"论"来自古"仑"字，而"仑"的古繁体写法是"侖"。按照《说文解字》六书分类，"侖"字属会意字，是由"亼"和"册"两部分构成的。《六书正伪·辑韵》解释："亼"是古"集"字，"册"即"简册"。"亼"和"册"合起来，就是编串在一起的竹简。"论"字字形的演变如图 1-2 所示。

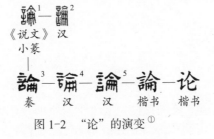

图 1-2 "论"的演变①

《说文解字》解释"侖"字："聚集简册，必依其次第，求其文理。"② 可见，

---

① 李学勤. 字源 [M]. 天津：天津古籍出版社，2012：173.

② 许慎. 说文解字（大字本）[M]. 北京：中华书局，2013：46.

"侖"就是把众多的竹简按一定的次序编在一起的意思，引申为"编辑、编撰、编纂"的意思。

东汉班固《汉书·艺文志》记载:《论语》者，孔子应答弟子、时人及弟子相与言而接闻于夫子之语也。当时弟子各有所记，夫子既卒，门人相与辑而论纂，故谓之《论语》。"所以，"论语"二字的意思，就是把接闻于"夫子之语"编辑在一起。

不过东汉刘熙《释名·释典艺》却说:"论，伦也，有伦理也。"以"有伦理也"解释"论"，指出《论语》的内涵是"事物的条理"。

引汉朝郑玄的话:"论者，纶也，轮也，理也，次也，撰也。"

邢昺在此基础上说:"以此书可以经纶世务，故曰纶也；圆转无穷，故曰轮也……"认为《论语》的内容可以"经纶世务"，所以说是"纶也"，书中的义理"圆转无穷"，所以说是"轮也"。

另外，按近现代章太炎先生所说，"论者，古但作仑"，则"论"源自"仑"，读音当与"仑"同。且"论"与"伦""纶""轮""抡"等字都具同源关系。

以上列举了多种对"论"的解读，依照刘熙、邢昺、章太炎等人的说法，现在多数人以及工具书都采用了 lún 这个读音，含义多采用的是"汇编""挑选"。至于"语"字，历来分歧不多，指的是孔子及其弟子的话语。因此"论语"应读作"lún yǔ"。含义就是挑选、汇编孔子及其门人的言行。

拓展与延伸

当我们把目光投向世界时就会发现，自古以来，中国与西方文明一直在碰撞中交流，在交流中互鉴。德国存在主义哲学家雅斯贝尔斯曾经在其著作《四大圣哲》中把苏格拉底、释迦牟尼、孔子和耶稣并称为"四大圣哲"，他们生活在人类的"轴心时代"，对人类文化做出了深刻的理性反思，对世界文明做出了巨大贡献。在"四大圣哲"中，孔子（见图1-3）和苏格拉底（见图1-4）分别是东方和西方先贤先哲的代表人物。我们一起展开想象，假如两位思想家相遇，会擦出怎样的思想火花？会产生怎样的智慧碰撞？

图 1-3　孔子像

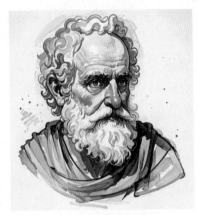

图 1-4　苏格拉底像

　　下面我们窥斑见豹，从二者都非常重视教育这一点切入，通过比较东西方两位先哲的教育思想了解他们，走近他们的思想世界。

一、时代背景

　　孔子生于公元前 551 年。他生活在政权交替更迭的春秋末年，此时繁荣的社会已经走向了尾声，基于血亲伦理的宗法等级制度，天子、诸侯、大夫的统治秩序都已经无法维持，社会陷入了"礼坏乐崩"的境地。

　　苏格拉底生于公元前 469 年，他生活在雅典时代末期。雅典时期民主制曾发展到极盛的顶峰，人民安居乐业，社会繁荣稳定。在经济上，工商业较为发达，奴隶制经济发展，社会上追求财富的风气盛行。在政治上，当时的公民大会制度使得雅典公民得到了较好的民主政治训练，雅典的民主制度蒸蒸日上。但是好景不长，这种民主制度发展到后期变得混乱不堪，出现了无政府主义。

二、教育思想

　　由于孔子和苏格拉底有着不同的文化背景和相似的时代背景，二者的教育思想既有相近之处，又有明显差异。

　　在教育目的方面，两位古代思想家都主张通过教育培养德才兼备的治国人才。孔子的教育目的是培养有德有才的志士君子，以服务于社会和国家。他强调"志于道"，认为学习优秀的人可以成为官员，治国理政。孔子所倡导的士的标准是"行己有耻，使于四方，不辱君命"（《论语·子路》）。这体现了他对德行的重视。苏格拉底的教育目的同样是培养治国人才，他认为积极参与政治是人的责任。面对当时社会民主制度的混乱，苏格拉底希望通过教育培养出具有知识和治国才能的领导者。相比于个人直接参与政治，他认为培养治国人才更为关键。

在教育内容方面，孔子的教育内容以道德教育为核心，提倡学习文化知识和六艺，以培养个人技能。他倡导"弟子入则孝，出则悌，谨而信，泛爱众，而亲仁。行有余力，则以学文"（《论语·学而》）。强调道德教育的重要性。苏格拉底的教育内容强调对美德的培养，认为智慧即美德，主张培养智慧、正义、节制、勇敢等品格，并认为知识是道德的基础。他提出的学习科目包括政治、文法、雄辩术、算术、几何、音乐和天文学，这些科目都具有实用性。此外，苏格拉底也重视体育，认为强健的身体是完成任何事业的基础。

在教育方法方面，孔子和苏格拉底都采用问答交流的方式。孔子的教育方法多元化，包括启发诱导、循循善诱、学思结合、温故知新和因材施教。苏格拉底则主要采用"产婆术"，也就是通过诘问、助产、归纳和定义四个步骤进行教学，这种方法步骤明确，诘难方式新颖。

尽管孔子和苏格拉底的教育思想都带有他们所处时代的印记，并具有时代局限性，但他们对现代教育的影响是深远的。他们的思想在教育领域中具有不可磨灭的地位，历久弥新，对后世产生了重要影响。

以《论语》为代表的儒家文化是中国传统文化的重要组成部分，传统文化是后人挖掘不尽的宝藏，其中蕴含着巨大的转化势能和可待激活的"引爆点"。

就像2024年中央广播电视总台春节联欢晚会的舞蹈《瓷影》，主创团队从推动中华优秀传统文化创造性转化和创新性发展的角度出发，充分考据北宋时期的审美特质与青白瓷的造型风格，借助舞蹈语汇展现出青白瓷柔美含蓄的东方神韵，投射其背后源远流长的瓷器文化，坚守中华文化立场，以优秀传统文化激发起中国人内心深处引以为傲的文化自信和文化认同。

你穿过马面裙、香云纱上衣吗？"新中式""新国潮"频繁上热搜，"新中式"美学走红的背后，是传统文化之美和现代时尚设计的融合，其既能体现传统文化又符合当代人的审美。不论是艺术表演，还是日常穿搭，中华民族世世代代最深沉的文化自信的基因开始觉醒。你是如何看待传统文化在当下的这些新的呈现方式的呢？请说出你的理由。

第二节　我们为什么要读《论语》？

2023 年的世界读书日，有媒体发布了一篇题为《中国年轻人如何通过阅读对抗精神衰老》的文章，其中指出，当当网联合易观调研了年轻人对热度标签的自我认同度，以探讨阅读对年轻人的意义。

基于报告可以发现，"佛系"只是嘴上说说而已，"卷"才是当代青年的现状。"孔乙己脱不下的长衫，学历下不来的高台"现象背后是年轻人在求学路上的激烈竞争。如今上班族压力重重（见图1-5），很多人盲目追求高学历，却忽略了能力的提升。当然，现在越来越多的人已经意识到解决问题的能力、学习能力、逆势应对能力是帮助我们获得更好的工作和生活的重要能力。

图1-5 压力重重的上班族

如何获得上述能力？我们其实可以尝试在阅读中寻找答案。

思考与联想

阅读可以让我们增长智慧，解决生活中的很多难题。《论语》中举一反三、自知内省、迎难而上、安贫乐道等思想，会对我们解决上述问题有什么样的启发？孔夫子的解决问题能力、学习能力、逆势应对能力如何？这些你都思考过吗？

图1-6　在陈绝粮

孔子的一生实际上充满了艰辛，他三岁丧父，跟随母亲整日劳作。九岁才有机会学习，他满怀抱负和理想，成年后周游列国，到过曹、宋、卫、郑、陈、蔡等国，却处处遭受排挤，在陈绝粮（见图1-6），历尽坎坷艰辛，理想抱负都没能实现。

虽然面对这样的磨难，但孔子说出了这样的话："饭疏食，饮水，曲肱而枕之，乐亦在其中矣。"（《论语·述而》）足见其于磨难之中保有安贫乐道的淡然心态。此外，孔子非常热爱学习，他开创了私人著书立说的途径，开创了编年史、为书作序和图书分类等方法。孔子晚年喜欢读《易》，"韦编三绝"就是指孔子晚年翻来覆去地读《易》，竟将编联竹简的牛皮绳磨断了多次，其学习的勤奋程度可见一斑。

北京大学的杨立华教授说："以饱满的心灵去肯定这些朴素平凡的生命，这才是孔子思想的精神实质。精神家园不在别处，就在肯定生命意志和力量之中，孔子身上恰恰就体现出大丈夫的精神。"这也可以体现出孔子个人的生命境界。

究底与寻根

你想不想变成一位温润如玉的谦谦君子？如果想，那《论语》就是一套让人变为君子的行动指南，是一套可以指导现代人健全人格，安顿心灵，完善生命，做回自己的标准。

下面我们一起探讨身处现代社会仍然需要阅读《论语》的原因。

首先，《论语》对新时代青年在"为学"方面有启发意义。

孔子主张"为己之学"，强调"学"是人成为君子的必由之路。《论语》以"学而时习之，不亦说乎"开宗明义，把"学"放在了至关重要的位置，意在表明求学问道的首要目的在于使自己的内心感到愉悦充实。"古之学者为己，今之学者为人。"（《论语·宪问》）杨伯峻先生解释此句为："古代学者的目的在修养自己的学问道德，现代学者的目的却在于装饰自己，给别人看。"孔子讲的"为己"，意思是通过不断地学习让自己的人生境界更加崇高，人格修养更加完善，努力把自己塑造成为有德行的君子，而不是为了获得一己私利而取悦他人。

孔子语重心长地教导子路："好仁不好学，其弊也愚。"（《论语·阳货》）在孔子看来，好学是修德的基础，只有不断学习，才能不断完善德行。孔子一生"学而不厌""诲人不倦"，其便是"学为君子""为己之学"的最好例证。

被誉为"清华百年历史上四大哲人之一"的著名学者潘光旦先生就曾在受此启发后说："自由的教育，既着重在自求自得，必然地以自我为教育的对象。自由的教育是'为己'而不是'为人'的教育，即每一个人为了完成自我而教育自我。所谓完成自我，即用教育的方法，把自我推进到一个'至善'的境界。""学习不应当是功利性的，而应该使自己内心感到愉悦充实，使自己的人生境界更加高尚、人格修养更加完美。"①

其次，《论语》对新时代青年在"修身"方面有启发意义。

孔子讲求的是"文质彬彬"的修身之道，这也是他不偏不倚的中庸精神的体现。这种不过度、不偏激、文质兼美的态度对于青年是有很强的指导意义的。

"文质彬彬"侧重于阐明孔子内外兼修、形神相合、仁礼统一的修身之道。"文质彬彬"出自《论语·雍也》，子曰："质胜文则野，文胜质则史。文质彬彬，然后君子。"钱穆在《论语新解》中对此的解释是"质：朴也；文：华饰也"。②杨伯峻的解释是："朴实多于文采，就未免粗野；文采多于朴实，又未免虚浮。

① 卢文丽. 孔子君子观对大学博雅教育的启示 [J]. 扬州大学学报（高教研究版），2023，27（5）：33-34.
② 钱穆. 论语新解 [M]. 武汉：长江文艺出版社，2020：135.

文采和朴实配合适当，这才是个君子。""文质彬彬"在此处形容人既文雅又朴实，后来多用来指人文雅有礼貌。以上两种解释虽然对"文""质"概念的阐释有所不同，但都强调君子应追求中道谐和、内外平衡的修身之道。

为了实现"文质彬彬"的修身之道，孔子尤其推崇"诗教""礼教""乐教"，即所谓"兴于诗，立于礼，成于乐"（《论语·泰伯》）。诗、礼、乐三者，对于人的教化具有温柔敦厚、中道谐和的特点，能让人在和谐之美的陶冶之下成为文质彬彬的君子。

"文质彬彬"作为孔子"君子"观在个人修养、礼仪方面的规范，既是我们内在修养与外在风度的完美统一，又是一切内容与形式的完美统一，是儒家中庸思想在修身之道和美育上的具体要求。"文质彬彬"既不能"文胜质"，也不能"质胜文"，唯有恰到好处，才是修养的至高境界。

最后，《论语》对新时代青年在"为人处世"方面有启发意义。

孔子提倡"君子和而不同"，这是具有中国智慧的处世哲学，对于青年"批判性思维"的培养，以及建立和谐的人际关系都有启发意义。

青年不仅需要修身正己，也需要走进人群，融入社会，担当"治国平天下"的使命，这就需要青年学会与人和睦相处。

"和而不同"出自《论语·子路》。子曰："君子和而不同，小人同而不和。"钱穆认为，仁义是和谐的根本，其阐释道："和者无乖戾之心。同者有阿比之意。君子尚义，故有不同。小人尚利，故不能和。"杨伯峻认为，"君子和而不同"的"和"与"礼之用和为贵"的"和"有相通之处，故而将"君子和而不同"理解为"君子用自己的正确意见来纠正别人的错误意见，使一切做到恰到好处，却不肯盲从附和"。匡亚明先生认为，"和而不同"是贯彻中庸思想必须加以提倡的正确做法，以兼容矛盾两端的合理因素而融会贯通，坚持"有原则的和睦相处，反对无原则的苟同"。

无论哪种解读，其核心观点都在于君子要坚持自己的信念并包容、理解别人的想法，让每个人都能实现自己的价值，却又不互相伤害。这一思想蕴含着对个体的尊重，对差异的包容，对多元性的接纳，体现了中华文明追求天地万物和谐共生的普遍理想。

新时代的中国青年可以包容更多元的文化、审美和价值观。成长于移动互联网时代的我们，有条件尊重、理解、吸纳不同文化、多元价值的"和而不同"；有能力去辨析良莠，取其精华，去其糟粕。

拓展与延伸

蔡元培曾说："孔子学问、文章政治事业，朗如日月，灿如星辰，果足为万世师表。"

阅读《论语》对世界的意义是什么呢？

我们生活的 21 世纪不同于以往时代，因为经济、科技、网络都发展得非常快，人类就像住在一个大村子里一样。在这样的新时代，我们需要一种全新的思考方式，那就是要站在全球的角度，考虑到全世界的每一个人，建立一个多元化的世界文明。这个新的思考方式，就是我们说的"人类命运共同体"（见图 1-7）。这个理念是从历史经验中提炼出来的，也是从我们大家的实践中总结出来的。这和我们前面提到的孔子说的"和而不同"的想法特别吻合。

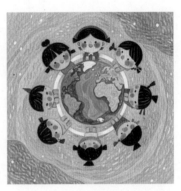
图 1-7 人类命运共同体

纵观由孔子思想编织的由点到线再到面的人际关系巨网结成的社会系统，其以"仁"为基础，以"礼"为机制，以实现"和"为共同目标。子曰："人而不仁，如礼何？"（《论语·八佾（yì）》）仁立则礼立，礼立因仁显，"仁"主内，不断提高主体道德修养，"礼"主外，不断完善社会规范制度，故"仁"与"礼"是两个并列且内外相辅、刚柔相济的子系统。孔子倡导以"仁"达"和"，崇尚以"礼"致"和"，整个系统有条不紊，上下有序，左右有度，社会自然协调和睦。但这不是简单的"一团和气"，我们要正视差别、直面矛盾，要讲求科学的方法，即"中庸"。只有坚持中庸之道，提倡中和之美，天人谐和，崇德利用，才能使事物处于一种中正圆润的"和"状态，这实际上就是"和合"精神的体现。

在这个"人类命运共同体"里，人与人之间的距离感变小了，不管是在时间上还是在空间上。儒家思想说"四海之内皆兄弟"，这让我们更加相信，大家的命运是紧密相连的。

所以，让我们一起努力，为了我们共同的未来，创造一个更加和谐、多元的世界吧！

电视节目《开学第一课》中提到，榜样的力量是无穷的。节目里有平凡的劳动者、英雄航天员、甘于奉献的科学家，还有流血牺牲、保家卫国的军人，这些杰出人物的故事深深打动了我们，他们的亲身讲述更能激发我们传承他们的精神，不负时代，勇担强国重任。

了解了《开学第一课》中这些时代楷模的事迹后，结合上文所讲的《论语》中传达的精神品质，大家发现这些榜样的精神之源了吗？

第三节　孔子一生都在寻找什么？

图1-8　淄博薄饼卷烤肉

2023年，山东的淄博烧烤（见图1-8）爆火。在最火爆的时候，有些"驴友"会开车数百千米到淄博，每个烧烤摊都一座难求。

有人开玩笑说，上次这么多人去淄博，还是五国伐齐。其实这个因烧烤而知名的城市，在春秋战国时代可是中国有名的大城市——临淄，其是齐国的五个国都之一。

除了美食本身，淄博烧烤爆火的背后有更深层次的人文原因——淄博人的好客与真诚。

还记得山东旅游推广的"好客山东欢迎您！"广告词吗？这正应了孔子曾说过的"有朋自远方来，不亦乐乎"。有网友也说："其实，来淄博并不是为了吃烧烤，而是想感受一下被当地官方和百姓捧在手心里的感觉。"

淄博人在日常生活中对儒家仁、义、礼、智、信的践行，也十分符合孔子的理想和追求，孔子不会想到，两千多年后有一方人会如此热情好客、坦率真诚，正如他期待的那样。

思考与联想

众所周知，孔子是儒家的开创者，被后世尊为"圣人""至圣先师"，但作为一个没落的士族子弟，他是凭借什么"逆袭"成为一个能够影响中国两千多年的"大咖"的呢？人类思想史、文化史上群星璀璨，明星众多，但没有一个人的光芒能够盖过从一个小国——鲁国——走出来的孔仲尼。他"十五志于学"，后办私学，创立"杏坛"，短暂做官之后便率弟子周游列国，后又专注于修订经典。那他一生所追求的目标究竟是什么呢？

究底与寻根

要了解孔子一生都在追求什么，我们必须先了解孔子确立理想的背景和缘由。下面我们一边追溯孔子一生的经历，一边探究他的理想与追求。

一、在苦难中修炼——吾少也贱，自我解嘲

孔子的祖上是贵族，原籍宋国，曾祖父孔防叔为了逃避宋国内乱，从宋国逃到了鲁国。他的父亲叔梁纥（hé）力大无穷，是鲁国著名的武官。其父亲在世的时候，孔子家里的生活还不错。后来，叔梁纥娶了颜徵（zhēng）在，也就是孔子的母亲。

可惜的是，在孔子三岁的时候，他父亲去世了，母亲颜徵在受到了大家庭的排挤，无奈之下，孔子的母亲带着孔子到鲁国首都曲阜的阙里定居，从此孤儿寡母过着贫寒的生活。

《史记》的《孔子世家》中记载了一个很有意思的细节："为儿嬉戏，常陈俎（zǔ）豆，设礼容。"孔子小时候经常摆放用来祭祀的器具——俎和豆，像行礼的样子。由此可见，鲁国当时的文化环境对孔子的成长是非常有利的。孔子从小玩的游戏也和别的孩子不同，可以看出孔子的母亲在教育孔子方面有独特之处，孔子一生所追求的"礼"的种子在他幼小的心灵扎下了根。

孔子自幼与母亲相依为命，他的童年和少年生活充满了艰辛。但艰难的生活非但没有磨灭他的意志，反而激发了他积极向上的热情。为了谋生，孔子做过各种各样的杂活，如扫地、挑水、砍柴，懂得各种各样的"鄙事"。

《论语》记载了一段孔子对于自己童年的回忆，"太宰问于子贡曰：'夫子圣者与？何其多能也？'子贡曰：'固天纵之将圣，又多能也。'子闻之，曰：'太宰知我乎？吾少也贱，故多能鄙事。君子多乎哉？不多也。'"

太宰是吴国的高官，这个人很佩服孔子，他就去问孔子的学生子贡："你的老师是个圣人吗？他怎么会有这么多的本领呢？"子贡一听很兴奋："我的老师是上天让他成为圣人的，所以他很有能力，有才能。"他兴冲冲地找到了孔子："老师，吴国的太宰说你是个圣人，什么都会。"子贡本来以为孔子听了这个评价会很高兴，没想到孔子只是淡淡地点了点头："太宰真的了解我吗？他不懂我，我不是圣人。""吾少也贱"，少是年少的时候，贱是贫贱。"故多能鄙事"，才会做各种各样的事情，"鄙事"指的是各种各样的杂活、小事情。孔子说我小的时候可苦了，才学会了各种各样的本事。

后来，他"吾十有五而志于学"，他从十五岁就坚定了自己的志向。鲁国当时汇聚了大量博学多识的人才，孔子虽然年龄小，但是只要有机会他就会向别人请教，"志于学"不只是学知识，更重要的是治国的道理，是超越知识、仕途之上的真理。孔子二十岁的时候，学识就已经非常渊博了，时人称赞其"博学好礼"。二十多岁时，孔子曾给贵族季世家做过"委吏"（管理仓库的小官）、"乘田"（管理牧场的小官）。同时，通过自己不懈的努力，孔子掌握了礼、乐、射、御、书、数"六艺"，取得了"士"的资格。

二、三十而立——兴办私学，为国育才

由上述可以看出，"三十而立"并非简单的成家立业，孔子更看重的是社会的认可和自我提升。孔子三十岁的时候已经有资格参与齐国来访等活动，可见他无论是学识还是地位，都得到了社会的认可。在个人修养方面，他曾问礼于老聃（老子）（见图1-9），学乐于苌弘，学琴于师襄。这些人都是当时的"业界大佬"。

图1-9　孔子见老子图

在不断地学习和思考过程中，孔子已经建立了自己所追求的思想核心——"仁"。

"子曰：仁远乎哉？我欲仁，斯仁至矣。"（《论语·述而》）孔子说：仁德离我们很远吗？只要自己愿意实行仁，仁就可以达到。"仁"是一个人的内在品质，修养仁德全在自己。这是儒家思想的核心。

孔子还致力于教育，他倡导"有教无类"，打破了贵族对教育资源的垄断，第一次向所有人敞开了学校的大门。他的学生来自贵族、手工业者、农民等各阶层，学费不高，只需带点肉干，这就是后来的"束脩（xiū）"之礼。他教书的目的不在于传授知识，而在于培育学生的人生观和价值观，在于通过培养人才服务国家。

三、短暂做官——光芒四射，生不逢时

孔子五十一岁时，被任命为中都宰（相当于现在的市长），政绩卓著；一年后升任司空（相当于现在的住建部部长），后又升任大司寇（相当于现在的公安部部长、检察院检察长兼最高人民法院院长）；五十六岁时任代理宰相，兼管外

交事务。孔子执政仅三个月，鲁国内政、外交等各个方面局势大好，百姓安居乐业，尊礼守法，路不拾遗，夜不闭户，奸佞之人和刁民纷纷逃往他国。同时，孔子还通过外交手段逼迫齐国将侵占鲁国的郓（yùn）、汶（wèn）阳和龟阴还给了鲁国。

孔子杰出的执政能力让鲁国日益强大，这让齐国感到了威胁，于是齐国国君挑选多位能歌善舞的美女送给了鲁国国君鲁哀公，开始挑拨孔子和国君及权臣的关系。鲁哀公沉溺酒色，不上朝，不办公，孔子又受权臣季孙氏、孟孙氏和叔孙氏的排挤，已经无法在朝堂立足。

孔子感慨"五十而知天命"，什么是天命呢？在孔子看来，一个人生来就有天赋予的使命，其包含人和自然的关系、人和社会的关系、人和人的关系，这些东西是客观存在的。认知天命，是仁；敬畏天命，是礼；履行天命，是义。

四、人在旅途——历经磨难，初心不改

公元前497年，心怀天下的孔子离开鲁国，带着颜回、子路、子贡等弟子开启了他们的周游列国之旅。

孔子心怀强烈的责任感和使命感，希望通过宣传和实践自己的政治主张实现恢复礼制、世界大同的理想。但孔子周游列国时处处碰壁，当时人们形容孔子悽惨地如同丧家之犬，甚至于差点丢掉性命。

孔子第一个到达的国家是卫国，但因为有大臣诋毁孔子，卫灵公没有任用他。孔子离开卫国后，路过宋国的匡邑（位于今河南长垣市），被当地人包围起来，说要报仇。孔子一行人经打听才知道，原来是因为几年前鲁国的阳虎带兵经过这里时为非作歹，所以当地人都特别恨阳虎。恰巧孔子也是鲁国人，而且他的外貌和阳虎有几分相似。他们向当地人解释也无用，他们被围困了五天，向卫国人求助后才离开匡邑。

孔子进入宋国，批评了宋国权臣向魋（tuí）的暴政，向魋追杀他。孔子只好离开宋国，去往郑国。

孔子又到了郑国，但他与弟子走散了。孔子一个人站在城东门外。郑国有人对孔子的弟子子贡说："东门有人，其颡（sǎng）似尧，其项类皋陶，其肩类

子产，然自腰以下不及禹三寸。累累若丧家之狗。"子贡以实告孔子。孔子欣然笑曰："形状，末也。而谓似丧家之狗，然哉！然哉！"面对郑人的揶揄，孔子不但没有生气，而且还非常高兴，因为"丧家之狗"正道出了孔子奔波列国的辛酸。孔子可以借此解嘲，这也表明了孔子不怨天尤人的达观态度。因此，孔子"有终身之乐，无一日之忧"。

此外，郑人说孔子的额头与尧的额头很像，而他的脖子像皋陶，肩膀像子产，他的外形被描述为与古代圣王、贤者类似，从中也可以看出孔子在人们心目中是很有威望的。

孔子住在陈国和蔡国时，楚昭王正在招揽人才，于是派人去请孔子。孔子非常高兴，就要去楚国。但陈、蔡两国的大臣们担心，孔子没有被他们任用，反倒被楚国招揽，楚国本来就是大国，如果孔子让楚国更强大，陈、蔡两国就危险了。于是两国派人包围了孔子一行人，阻止他们去楚国。孔子和弟子们被围困了七天。因为缺少粮食，很多弟子都饿倒了。后来子贡突围出去，找到楚国人。楚国派兵把他们救了出来。

《论语·为政》记录了这样一段对话。

> 或谓孔子曰："子奚不为政？"子曰，"《书》云：'孝乎惟孝，友于兄弟。施于有政。'是亦为政，奚其为为政？"

意思是有人对孔子说："你为什么不参与政治？"孔子道：《尚书》上说，'孝呀，只有孝敬父母，友爱兄弟，把这种风气影响到政治上去。'这就是参与政治了，为什么一定要做官才是参与政治呢？"

孔子在仕途坎坷的无奈中扩大了参政的外延，他自认为"斯文在我"，这体现了孔子思想的灵活性及其旷达的胸襟。

数次面临死亡威胁，被人说成是"丧家之狗"，到处碰壁，这些遭遇并没有影响孔子的幽默和真率。《论语·阳货》中载：

> 子之武城，闻弦歌之声。夫子莞尔而笑，曰："割鸡焉用牛刀？"子游[①]
> 对曰："昔者偃也闻诸夫子曰，'君子学道则爱人，小人学道则易使也'。"子

[①] 当时的武城县县长，孔子的弟子。姓言，名偃，字子游。

曰："二三子！偃之言是也。前言戏之耳。"

意思是孔子在武城听见弹琴唱歌的声音。孔子微笑着说："杀鸡何必用宰牛的刀呢？（治理小小的武城还用得着行礼乐教化吗？）"子游回答说："以前我听先生说过，'君子（在上位的人）学习了礼乐就能以仁爱之心待人，小人（在下位的人，百姓）学习了礼乐就容易被役使。'"孔子说："学生们，言偃的话是对的。我刚才说的话，只是开个玩笑而已。"

后来，孔子到了楚国，楚昭王亲自出来迎接，准备给他七百里的封邑。没想到，楚国接下来的做法让孔子大失所望。昭王的哥哥子西私下对楚昭王说，孔子非常有才能，而且还有很多贤能的弟子，孔子有了封地后，楚国不一定能制约他们。楚昭王听后就打消了任用孔子的想法。孔子失望地离开了楚国，这时鲁国传来了好消息。鲁国大夫季桓子晚年对驱逐孔子一事非常后悔，他嘱咐儿子季康子以后一定要把孔子召回来。季桓子去世后，季康子便派人于公元前484年将孔子接回了鲁国。此时孔子和他的众弟子在外整整游历了十四年。

公众号"周山文化"比较详细且中肯地分析了孔子周游列国的路线，其路线图如下：从鲁国出发，走了卫国、曹国、宋国、齐国、郑国、晋国、陈国、蔡国、楚国等地。相当于今天的曲阜—菏泽—长垣—商丘—夏邑—淮阳—周口—上蔡—罗山，然后原路返回。

五、光耀千秋——整理典籍，专注教育

结束了游历的生活后，回到鲁国的孔子享受着国老的待遇，给国君当了顾问。他虽然没有实际权力，但可以参与商议国家政事，国君鲁哀公和权臣季康子对他的建议还是比较看重的。

此外，孔子已经明白自己无法实现政治抱负了，他晚年致力于整理典籍和教书育人，通过整理《六经》，具体是修《诗经》《尚书》《礼经》《乐经》，序《易经》，撰《春秋》，向世人传达自己的思想理念，并潜心教育自己的弟子。

作为儒家思想的倡导者和传播者，孔子毕生遵循着"穷则独善其身，达则兼济天下"（《孟子·尽心章句上》）的人生信条。他在七十三年的生涯中，"求仕"

成功，就在仕途上发展；仕途上失意或"求仕"不成，就退而修书，整理文献典籍，而且在文献典籍中寄托他的政治理想，寻找"修身、齐家、治国、平天下"的途径。

正像他赞同蘧伯玉时所说的："君子哉蘧伯玉！邦有道，则仕；邦无道，则可卷而怀之。"（《论语·卫灵公·七》）孔子说："蘧伯玉是君子啊！国家政治清明时，他就出来做官；国家政治黑暗时，就把自己的才能收藏起来（不做官）。"在研究和整理文献典籍的过程中，他始终贯彻以"仁"为核心内容，以"礼"为形式的指导思想，这在《论语》和"六经"中都有体现，如"仁者先难而后获，可谓仁矣"（《论语·雍也》）。意思是说，有仁德的人先付出艰苦的努力，然后得到收获，这就是"仁"。在文献典籍整理中，孔子还排斥非"中庸"的言论，推崇和贯彻"中庸"思想。"中庸之为德也，其至矣乎！"（《论语·雍也》）

前面我们通过孔子一生的经历探究了他的理想与追求，下面进一步梳理和概括。

首先，"仁"是孔子所有思想的核心，"人而不仁，如礼何？""仁"是"礼"的内核，"克己复礼为仁"，"礼"是实现"仁"的方式。从《论语》看，"仁"的内容几乎包括了做人的全部规范：忠、恕、孝、悌、智、勇、恭、宽、信、敏、惠等。可见"仁"是孔子所追求的最高的政治原则和道德准则，而"仁"的主要内容则是"仁者爱人"。

"仁"并非高不可攀，孔子提出："为仁由己"，只要端正内心，自觉追求便可得"仁"。他还提出许多具体的"仁"的内容和方法，如"言行一致""笃实躬行""巧言令色，鲜矣仁""吾日三省吾身""见贤思齐"等。

其次，孔子对周礼所怀的敬意与追求，实质上是对周代道不拾遗、民风淳朴、遵守礼节的理想社会的憧憬，他所谓的"从周"和"尚礼"实质上是追求太平、和睦的社会，反对暴力和动乱。这与当前国内与国际社会追求和平的目标不谋而合。孔子视自己所处的时代为"天下无道"。无道最明显的特征是大量"僭越"现象的出现，仅《春秋》记载的被弑的国君就有三十六人。可见，孔子是站在周天子的立场上修订《春秋》、进行拨乱反正的。

孔子恢复周礼的根本原因，并不是为维护已没落的奴隶主贵族的利益，也非主张社会倒退，而是知识人士忧国忧民的一份良知。在这份良知的驱使之下，他确立了自己追求和平、理想社会的目标。孔子的社会理想是注重现实。从他主张对"周礼"可以有所"损益"可见他并非食古不化。

最后，综合来看，孔子追求"仁"就是为了强调内在的道德修养，协调好人际关系，解决社会矛盾，最终实现符合"礼"的太平盛世。孔子期望的社会图景是君爱臣、臣忠君，父爱子、子孝父，家宁国太平，人人有德行、重修养、讲仁义、和睦相处。

迁移与小试

"如何讲好中国故事"是近年来一个非常受关注的话题。中共中央政治局委员、外交部部长王毅曾就"中国外交政策和对外关系"相关问题回答中外记者的提问。他说，"这几年，外国驻华记者报道了许多生动鲜活的中国故事：从神舟

图1-10 荒漠化治理成效

家族'太空接力'到'奋斗者'号极限深潜，从荒漠化治理（见图1-10）到低碳生活，从杭州亚运会到'贵州村BA'。你们向世界讲述亿万中国人民共圆中国梦的感人故事，让世界看到新时代中国的蓬勃生机。应当看到，中国故事不是孤立的，而是人类故事的重要篇章。中国故事带给我们的启示就是，只要各国立足自身国情，自主探索现代化道路，就一定能够绘就百花齐放的世界现代化新图景。"

依据上述材料，我们可以回想起《论语》中孔子对学生曾皙的"志"的肯定，学生曾皙说："莫春者，春服既成，冠者五六人，童子六七人，浴乎沂，风乎舞雩，咏而归。"夫子喟然叹曰："吾与点也！"（《论语·先进》）

你是否向往孔子、曾皙的"志"，上述提及的中国故事又与孔子的哪些理想和追求不谋而合？

第四节 我们为什么称孔子为"孔圣人"?

你认识在韩国收获了大批粉丝的大熊猫"福宝"(见图1-11)吗?在它即将回国之际,有不少游客为了见"福宝"最后一面,不惜在爱宝乐园排长队等待四五个小时。

目前,中国与19个国家开展了熊猫研究,在研究合作的同时,我们送出最多的还是友爱和快乐的精神,也就是"仁者爱人"的精神。

图 1-11 大熊猫福宝

孔子说:"仁者安仁,知者利仁。"(《论语·里仁》)一个天生有仁德的人,以仁德为他生活中最大的快乐;一个聪明的人,把仁德当作最有利的生活规范。在和他人的交往中,我们始终践行着孔子站在"仁""礼"之上所倡导的与人为善、合作共赢的原则。熊猫出国,具有巨大的文化意义。

春秋时期,孔子于杏坛讲学,有教无类,周游列国,凭实力"圈粉",当时群贤毕至。可是,先生离开我们已经2500多年了,他在那个久远年代里提出的社会生活、为人处世之道,为什么一直鲜活地存在于后人的生活里,流淌在我们的血液里?大到"一带一路"、大国崛起,小到柴米油盐、你来我往,似乎他一直就生活在我们身边,曲容慈祥地望着我们。北宋宰相赵普认为"半部《论语》治天下",《论语》真的有这么大的影响力吗?为什么孔子不止在中国拥有庞大的粉丝群，在国外也有非常高的人气呢？人们为什么异口同声地称他为"圣人"？

 究底与寻根

我们来看看孔夫子曾获得的荣誉称号：孔子，中国古代思想家、政治家、教育家，儒家学派创始人。先后被尊为或封为尼父、褒成宣尼公、褒尊侯、文宣尼父、邹国公、先师尼父、先师、先圣（唐代李世民做皇帝时，这是孔子第一次被官方封为圣人）、宣父、太师、隆道公、文宣王（唐玄宗李隆基时，孔子第一次被封王）、玄圣文宣王、至圣文宣王、文宣帝、大成至圣文宣王、至圣先师、大成至圣文宣先师、大成至圣先师。清朝时，康熙皇帝又亲自写了楷书的匾额"万世师表"，下诏挂在孔庙大成殿梁上，从此，人们便称颂孔子是"万世师表"。此外，康熙后共有七位皇帝先后为大成殿书写匾额，分别是"生民未有"（雍正）、"与天地参""时中立极""化成悠久"（乾隆）、"圣集大成"（嘉庆）、"圣协时中"（道光）、"德齐帱（dào）载"（咸丰）、"圣神天纵"（同治）、"斯文在兹"（光绪）。

看看这些尊称或封号，学术界如果要评选一位"圣人院士"，谁能与之争锋？

下面我们就来分析一下孔子为何能成为"圣人"。

一、于思想：代天地立言

孔子凭借一个"仁"字，就在春秋乱世乃至当今世界洒下万丈光芒。不管是治国还是为人，都要以"仁"为本。

为了进一步提倡"仁"，他还专门提出了"君子"这一概念与"小人"对比，集中体现君子所代表的仁德。"君子怀德，小人怀土；君子怀刑，小人怀惠。"

孔子的"仁"对接了今天的人道精神和人文关怀，是最和谐的人与人的关系，也是最基本的治国安邦的法宝。

二、于学问：治史、美学、经济无所不成

孔子治史思想的一个重要主张就是"直"，即研究历史要实事求是，不但要重视根据，而且要"知之为知之，不知为不知"。

孔子的美学思想核心为"美"和"善"的统一，也是形式与内容的统一，孔子的美学思想对后世的文艺理论研究产生了深远的影响。孔子提倡"诗教"，即把文学艺术和政治道德结合起来，把文学艺术当作改变社会和政治的手段、陶冶情操的重要方式。孔子认为，一个完人应该在诗、礼、乐方面修身成性。

在经济上，孔子的"重义轻利""见利思义"与"富民"思想对后世有较大影响，商业领域讲求诚信的理念就与此相通。

三、于教育：万世师表

孔子在中国历史上最早提出人的天赋素质相近，个性差异主要受后天教育与社会环境影响，因而人人都可以接受教育，人人都应该受教育的主张。他提倡"有教无类"（无论贫富、地位高低、职业贵贱、智愚都可以接受平等的教育），创办私学，打破了奴隶主贵族对学校教育的垄断，把受教育的范围扩大到平民，顺应了当时社会发展的趋势。孔子认为教育的意义在于改造人性，他说："性相近也，习相远也。"（《论语·阳货》）相传为孔子之孙孔伋（jí）所作的《中庸》，记述了孔门传授心法，开篇即是对孔子教育的具体阐释："天命之谓性，率性之谓道，修道之谓教。"（上天赋予人的气质叫性，顺着本性去做叫道，修明道的准则叫作教）这些言论阐明了孔子所倡导的教育实质，我们也可以就此理解孔子重视后天教育的思想。

四、于政治：德治礼治，天下大同

孔子提出的"仁""礼"等治国方案，在后世统治者的运用中已经被证明是有价值的，其中贞观之治就是典型的例子。除此之外，他还提出了"大同"和

"小康"的概念。"大同"社会的基本特点是：天下为公，大道畅行，"选贤与能，讲信修睦""人不独亲其亲，不独子其子，使老有所终，壮有所用，幼有所长，矜寡孤独废疾者，皆有所养。""小康"社会的基本特点是"天下为家""各亲其亲，各子其子，货力为己"，这是大同社会的前奏。他的"大同"社会和"小康"社会理想，更暗合了中国如今对理想社会的追求。我们依然走在孔子在两千多年前为我们规划的道路上。

五、于道德：仁善相依，中庸之道

孔子讲求"善"，讲"仁德"，厌恶小人与恶人。他还提出中庸之道，孔子说："中庸之为德也，其至矣乎！"中庸是儒家所追求与秉持的一种臻于完美的道德标准或行为规范。何谓中庸？《中庸》里说："喜怒哀乐之未发，谓之中；发而皆中节，谓之和。中也者，天下之大本也；和也者，天下之达道也。"意思是喜怒哀乐四种情绪没有表现出来就是中，表现出来而能恰如其分就是和，中是天下之根本，和是万物运行的规律。中庸之道讲求的是和谐，是把握正确的度。子贡问："师与商也孰贤？"子曰："师也过，商也不及。"曰："然则师愈与？"子曰："过犹不及。"（《论语·先进》）子贡向孔子问道："师①和商②两人谁更贤能？"孔子说："师总是过度，商总是不足。"子贡说："那么是师更胜一筹吗？"但孔子觉得过度和不足是没有任何区别的，这段话就强调了"中"的重要性。

总而言之，孔子一手开创了儒学，为中国文化奠定了坚实的基础，并对全世界都产生了深远影响，孔子被称为圣人，实在是当之无愧。

孔子在中国文化史上的地位是无法撼动的，作为孔子思想载体的《论语》同样在历史和当代社会中闪烁着哲学的光芒。那些有着伟大智慧的外国哲学家、思

---

① 师：颛孙师，字子张。

② 商：卜商，字子夏。

想家、政治家、文学家等是如何评价孔子，如何看待《论语》的呢？

18 世纪法国资产阶级启蒙运动的泰斗伏尔泰（见图 1-12）对孔子的思想十分推崇，他在《哲学辞典》中引用了孔子的七句格言，然后写道："在东方找到一位智者……他在公元前六百余年便教导人们如何幸福地生活。"

法国大革命时期雅各宾派领袖罗伯斯庇尔在 1793 年起草的《人权和公民权宣言》中引用了孔子的格言，他写道，"自由是属于所有的人做一切不损害他人权利之事的权利，其原则为自然，其规则为正义，其保障为法律；其道德界线则在下述格言中：'己所不欲，勿施于人'。"

美国诗人、哲学家爱默生（见图 1-13）认为，"孔子是全世界各民族的光荣""孔子是哲学上的华盛顿"，表示"对于这位东方圣人极为景仰"，并经常引用孔子的名言："朝闻道，夕死可矣。"

图 1-12　伏尔泰

图 1-13　爱默生

美国诗人、意象派诗歌的代表人物庞德曾经译过孔子的《论语》，他晚年居留罗马时，记者采访他，他说《论语》是房中醒目的三本书之一。庞德还对记者说："我心目中的孔子的宇宙，便是韵律与张力交互为用的宇宙。"

迁移与小试

"祭孔"（见图 1-14）由来已久，是民间追思、纪念孔子的活动。2023 年孔子诞辰日，全球"云祭孔"特别推出《论语》共诵短视频征集活动，活动一经发起，获得了全国众多高校、儒学机构和海外中国传统文化爱好者的积极响应，大家纷纷通过诵读经典致敬先贤，向上、向善之气蔚然成风。

图 1-14 祭孔

泱泱华夏，赫赫文明，仁风远播，大化周行，《论语》共诵，礼敬先贤。全球"云祭孔"提升了中华文化的影响力和感召力，成为广大民众了解孔子和儒家思想以及中华优秀传统文化的重要契机和平台，为担负起新的文化使命，建设中华民族现代文明凝聚了磅礴力量。

如果你要参加《论语》共诵短视频征集活动，你会选择哪些篇章？搭配什么背景音乐？请说一说你的理由。

第二章

《论语》里的核心概念

　　我们阅读一部经典作品之前常常希望了解其主要内容，阅读之后也经常想用尽量简洁的语言概括它的精髓，但其核心要义如果"一言以蔽之"，应该很难做到。《论语》这部儒家经典却可以用一个字来概括其核心思想，那就是"仁"，且"仁"字贯穿始终。那么，"仁"到底有怎样的深层意蕴呢？"仁"到底有多神秘？本章我们将一起走近"仁"，进而理解以"仁"为依托的"忠恕之道"，了解以"仁"为前提的"礼""孝""勇""诗""乐""中庸"等主要思想的内涵和当下意义。

　　本章还会在理解《论语》核心概念的基础上，深入探析《论语》的深层意蕴，思考一些生命本源问题，寻找达"仁"的路径，探寻千百年来一代又一代青年学子的人格操守、理想追求、人生境界和爱国情怀的思想根源、文化依据。从走近《论语》到走进《论语》，让我们一起探究它的奥秘吧！

第一节 "仁"到底有多神秘？

名著与生活

你体验过在零下 26 摄氏度的冰天雪地里站几个小时吗？新华社曾经报道过这样的新闻，2024 年 2 月一个寒冷的冬日，侵华日军第七三一部队罪证陈列馆（见图 2-1）一开馆，馆外就排满了等候参观的群众。正如陈列馆馆长金成民所言："越来越多年轻人顶风冒雪自发地、主动地去了解历史、走进历史，展现了年轻一代的力量与担当。"[①] 他们在用自己的实际行动诠释我们传统文化中的仁爱，这里的仁爱是指家国天下的博大情怀，是大爱，而"仁"是孔子思想中的核心内容。

图 2-1 侵华日军第七三一部队遗址

---

① 零下 26℃里的长龙：哈尔滨冰雪热中的铭记与感动 [EB/OL]．（2024-02-02）．https://www.163.com/dy/article/IPVAICK605346RC6.html.

那么，当代青年的爱国精神与《论语》中"仁"的思想有什么关系呢？"仁"的思想是如何由孝悌乐业走向匡时济世的？下面，我们一起走近"仁"，揭开它的神秘面纱，共同探究青年的爱国精神与"仁"的渊源。回溯历史，我们会发现中国人刻在骨子里的爱国精神是"仁"的重要表现之一，其由人与人之间的关爱升华为个体对国家的热爱，有些人甚至为此付出了生命的代价，如屈原屡遭放逐，理想破灭，幽愤而投江（见图 2-2）。以"仁"为起点的爱国精神是一代代中华儿女追寻的永恒命题。"仁"，同样是中国人的立身之道，是评价一个人是否符合君子之道的重要维度，是中国人的根与魂。

图 2-2　屈原投江图

践行"仁"还有其他益处吗？心理学家阿德勒说："人的一切烦恼，皆源于人际关系。"你在现实生活中遇到过处理人际关系的难题吗？读懂《论语》的核心问题可以帮你走出人际关系的困扰，减少精神内耗。

那么，我们一起来细读《论语》，体会其思想精华，为现实生活中的人生困局寻找一个破解之道。具体应该怎么读呢？钱穆先生有言，"读《论语》，贵能逐章分读，又贵能通体合读，反复沉潜，交互相发，而后各章之义旨，始可透悉无遗。"①

我们解读《论语》除了按照章节"逐章分读"，还要按照主要思想纵向梳理，这样才能更好地领会"各章之义旨"。因此，我们先从《论语》的核心思想开始讲起。

整部《论语》都是以"仁"为核心展开论述的，书中界定了"仁"的概念，阐释了"仁"的内涵，以及实现"仁"的路径，并对行"仁"提出了具体要求。孔子是宋国人，宋国是殷商后裔的封地。孔了生活的鲁国，是周公

---

① 钱穆. 论语新解 [M]. 武汉：长江文艺出版社，2020：152.

的儿子伯禽的封地，我们熟悉的周公相传是"周礼"的主要制定者。春秋末期，礼崩乐坏，只有鲁国的儒生潜心研究传统典章文献，认真传授西周的礼仪，于是鲁国有了"礼乐之邦"的称号，各国公卿贵族经常到鲁国观"礼"、习"礼"。

一、"仁"在《论语》里出现了多少次?

"仁"在《论语》中共出现了109次。樊迟问仁，子曰："爱人。"（《论语·颜渊》）樊迟问什么是仁，孔子说："爱人。"这是孔子对"仁"下的最简洁明了的定义。《说文解字》对"仁"的解释是"从人从二"，"仁"是由"人"和"二"构成的，"仁"即人与人的关系，这是"仁"最底层的逻辑，是"仁"的本质。孔子所说的"爱人"可以理解为善待他人。

二、"仁"讲了些什么呢?

孔子对"仁"的论述既然贯穿于《论语》整本书，那么"仁"的内涵包括哪些内容? "爱人"的多层含义又是指什么呢?

"仁"具体体现在不同方面，如孝悌、谨信、爱众、亲仁、忠恕、博施济众、珍爱生命等。"仁"既是孔子哲学思想的核心，也是儒家思想的核心。"仁"是对每一个人最基本的要求，也是处理好自我与他人关系的基本保证。人与他人的关系是人类社会问题的根源，它决定了家、乡邑、邦国的关系，甚至还可以决定国与国的关系，其关涉和平与战争。"礼之用，和为贵。先王之道斯为美，小大由之。"（《论语·学而》）儒家倡导的和谐、和平、爱国精神在中华传统文化中一直是一脉相承的。

三、"仁爱"就是"忠""恕"吗?

"爱人"，是指友爱他人，友善待人。孔子所强调的"爱"，不是简单的友爱、关爱，而是指"仁爱"，具体表现为"忠"和"恕"。孔子的"仁爱"建立在强调等级的"礼"的基础之上，以大原则为前提，保证百姓平安、国家稳定。他提倡"君君，臣臣，父父，子子"，以血缘为纽带，以孝悌为根本，在"亲亲"的基础上推己及人，其"仁爱"从个人、家庭拓展到整个社会。孔子的仁爱观不仅意蕴丰富而且辩证客观，如孔子一方面批评管仲不"知礼"，违背礼；另一方面因为管仲辅佐齐桓公一匡天下，九合诸侯，使华夏民族免于兵燹，又肯定管仲在维护天下安定、避免杀伐方面的贡献，称其为"仁者"。

四、一以贯之的究竟是什么呢?

忠恕之道是孔子待人的基本原则。子曰："参乎! 吾道一以贯之。"曾子曰："唯。"子出。门人问曰："何谓也?"曾子曰："夫子之道，忠恕而已矣。"(《论语·里仁》)

忠，就是对人尽心竭力，积极为人。曾子曰："吾日三省吾身：为人谋而不忠乎? 与朋友交而不信乎? 传不习乎?"(《论语·学而》)

"忠"，就是要讲真话，不欺骗，以诚相待。子路问事君，子曰："勿欺也，而犯之。"(《论语·宪问》)当然，现实生活中并非人人都能始终讲真话，所以孔子认为君子应"慎于言"。

忠，向内归因，强调自我约束，是"己欲立而立人，己欲达而达人"。子贡曰："如有博施于民而能济众，何如? 可谓仁乎?"子曰："何事于仁? 必也圣乎! 尧舜其犹病诸! 夫仁者，己欲立而立人，己欲达而达人。能近取譬，可谓仁之方也已。"(《论语·雍也》)

"恕"，即"己所不欲，勿施于人"，就是宽厚待人，推己及人。子贡问曰："有一言而可以终生行之者乎?"子曰："其恕乎! 己所不欲，勿施于人。"(《论语·卫灵公》)

"恕"，向外延展，强调的是自己与他人的关系，"勿施"就是不强加于人。子贡曰："我不欲人之加诸我也，吾亦欲无加诸人。"(《论语·公冶长》)"勿施"可以促进人际关系的和谐。

拓展与延伸

一、孔子心目中的"人才"是什么样的?

在《论语·公冶长》中有这样一段话,仔细剖析可以看出孔子评价人才的标准。

> 孟武伯问:"子路仁乎?"子曰:"不知也。"又问。子曰:"由也,千乘之国,可使治其赋也,不知其仁也。""求也,何如?"子曰:"求也,千室之邑,百乘之家,可使为之宰也,不知其仁也。""赤也,何如?"子曰:"赤也,束带立于朝,可使与宾客言也,不知其仁也。"

在这段对话中,孔子以"仁"为标准分别对自己的三个学生进行了评价。他认为,他们有的擅长军事,有的擅长总管内政,有的可以应对外交任务。孔子的这三个弟子都是才华横溢之人,但在孔子的心目中,他们都没有达到"仁"的要求。可见,求"仁"、达"仁"之路异常艰难,一个人的才能必须符合礼制、德治的规则,必须以"仁"为前提。

二、如何达"仁"

了解了"仁"的内涵及其评价人才的标准,如何做到符合儒家标准的"仁",达到人格修养的最高境界呢?

达到"仁"的境界需要内驱力,需要自觉地修身养性,需要内在的精神力量。对于如何实现"仁",《论语》的论述及对此的评析如下。

● 原文 4.1 子曰:"里仁为美。择不处仁,焉得知?"[1]

○ 译文 孔子说:"住的地方要有仁德才好。选择的住处没有仁德,怎么能说聪明呢?"

---

[1] 5000言 [EB/OL]. https://lunyu.5000yan.com.

○ **评析** 孔子认为居住的地方要民风淳朴，这是他从选择居住环境入手，教我们如何接近"仁"。

● **原文** 4.2 子曰："不仁者不可以久处约，不可以长处乐。仁者安仁，知者利仁。"

○ **译文** 孔子说："不仁的人不可以长久地居于穷困中，也不可以长久地居于安乐中。有仁德的人安于仁，聪明的人利用仁。"

○ **评析** 孔子告诫我们不能因为身处窘境而丧失仁德，这是他从人生境遇角度教我们守护"仁"。

● **原文** 4.4 子曰："苟志于仁矣，无恶也。"

○ **译文** 孔子说："假如立定志向实行仁德，就不会去做坏事。"

○ **评析** 行"仁"要先立志，这是孔子从立志的角度勉励我们如何近"仁"。

● **原文** 4.5 子曰："富与贵，是人之所欲也，不以其道得之，不处也；贫与贱，是人之所恶也，不以其道得之，不去也。君子去仁，恶乎成名？君子无终食之间违仁，造次必于是，颠沛必于是。"

○ **译文** 孔子说："发财做官，这是人人所盼望的，不用正当的方法去得到它，君子不接受；穷困和卑贱，这是人人所厌恶的，不用正当的方法去除它，君子不摆脱。君子抛弃了仁德，怎样去成就他的声名呢？君子没有一餐饭的时间离开仁德，就是在仓促匆忙的时候也一定和仁德同在，就是在颠沛流离的时候也一定和仁德同在。"

○ **评析** 君子要以"仁德"为行事标准，这是孔子从外在环境的角度劝诫我们不要远离"仁德"。

● **原文** 7.30 子曰："仁远乎哉？我欲仁，斯仁至矣。"

○ **译文** 孔子说："仁德难道离我们很远吗？只要自己愿意实行仁，仁就可以达到。"

○ **评析** 孔子再次强调修养靠的是自觉，这是孔子从主观意愿的角度告诉我们"仁"其实就在我们身边。

● **原文** 12.1 颜渊问仁。子曰:"克己复礼为仁。一日克己复礼,天下归仁焉。为仁由己,而由人乎哉?"颜渊曰:"请问其目。"子曰:"非礼勿视,非礼勿听,非礼勿言,非礼勿动。"颜渊曰:"回虽不敏,请事斯语矣。"

○ **译文** 颜渊问仁德。孔子道:"抑制自己,使言语行动都合于礼,就是仁。一旦做到了,天下的人都会称许你是仁人。实践仁德全凭自己,难道要依靠别人吗?"颜渊道:"请问行动的纲领。"孔子道:"不合礼的事不看,不合礼的话不听,不合礼的话不说,不合礼的事不做。"颜渊道:"我虽然迟钝,也要实行您这话。"

○ **评析** 孔子教颜回行仁的重要纲目,这是孔子从克制自己的角度为我们指明了自我行仁的基本路径,并说明"仁"与"礼"相结合,"仁"应是内在的诉求,"礼"是"仁"的外在表现。

● **原文** 12.2 仲弓问仁。子曰:"出门如见大宾,使民如承大祭。己所不欲,勿施于人。在邦无怨,在家无怨。"仲弓曰:"雍虽不敏,请事斯语矣。"

○ **译文** 仲弓问仁德。孔子道:"出门好像去接待贵宾,役使百姓好像去承担重大祭祀。自己不喜欢的事物,不要强加给别人。在邦国做事没有抱怨,在卿大夫的封地做事也没有抱怨。"仲弓道:"我虽然不聪明,也要实行您这话。"

○ **评析** 孔子教导仲弓行仁之道,这是孔子从"忠恕之道"的角度分析"仁"。

● **原文** 12.3 司马牛问仁。子曰:"仁者,其言也讱。"曰:"其言也讱,斯谓之仁矣乎?"子曰:"为之难,言之得无讱乎?"

○ **译文** 司马牛问什么是仁,孔子说:"仁人,他的言语谨慎。"司马牛说:"言语谨慎,这就可以称得上仁了吗?"孔子说:"做起来很难,说话能不谨慎吗?"

○ **评析** 面对话多的司马牛,所以孔子从为人谨慎、自我约束的角度解释"仁"。

● **原文** 12.22 樊迟问仁。子曰:"爱人。"问知。子曰:"知人。"樊迟未达。

子曰："举直错诸枉，能使枉者直。"樊迟退，见子夏，曰："乡也，吾见于夫子而问知，子曰：'举直错诸枉，能使枉者直'，何谓也？"子夏曰："富哉言乎！舜有天下，选于众，举皋陶，不仁者远矣。汤有天下，选于众，举伊尹，不仁者远矣。"

○ **译文**　樊迟问仁。孔子道："对人慈爱。"又问智。孔子道："辨别人。"樊迟不懂。孔子道："把正直的人提拔出来，位置在邪恶的人之上，能够使邪恶的人正直。"樊迟退了出来，见子夏，说道："刚才我去见老师向他问智，他说，'把正直的人提拔出来，位置在邪恶的人之上'，这是什么意思？"子夏道："意义多么丰富啊！舜有了天下，在众人中挑选，把皋陶举荐出来，坏人就难以存在了。汤有了天下，在众人之中挑选，把伊尹提拔出来，坏人也就难以存在了。"

○ **评析**　这是孔子从"仁"与"知"的相互作用的角度阐释"仁"，充满了辩证的色彩。

● **原文**　13.19 樊迟问仁。子曰："居处恭，执事敬，与人忠。虽之夷狄，不可弃也。"

○ **译文**　樊迟问仁。孔子道："平日态度庄重，工作认真，与人真诚相处。这几种品德，即使到了偏远的地方，也不能丢弃。"

○ **评析**　孔子认为恭、敬、忠三者为行仁之本，无论身处何地都要坚守，这是孔子从普世价值的角度阐释"仁"的境界。

● **原文**　13.27 子曰："刚、毅、木、讷近仁。"
○ **译文**　孔子说："刚强、果决、朴质，慎言，这样就近于仁德。"
○ **评析**　这是孔子从四种具体接近仁道的品质的角度劝勉人。

● **原文**　15.9 子曰："志士仁人，无求生以害仁，有杀身以成仁。"
○ **译文**　孔子说："志士仁人，不贪生怕死因而损害仁德，愿意献出生命来成全仁德。"
○ **评析**　这是孔子从生死置之度外的角度鼓励有志之士。

● **原文** 15.10 子贡问为仁，子曰："工欲善其事，必先利其器。居是邦也，事其大夫之贤者，友其士之仁者。"

○ **译文** 子贡问怎样去培养仁德。孔子道："工匠要做好他的工作，一定要把工具磨得锋利。住在一个国家，要侍奉大夫中的贤人，结交那些士人中的仁人。"

○ **评析** 这是孔子从亲近贤人和仁人的角度谈培养"仁德"的方法。

● **原文** 15.36 子曰："当仁不让于师。"

○ **译文** 孔子说："面临着仁德，就是老师，也不同他谦让。"

○ **评析** 这是孔子从"仁"无身份差别的角度勉励人勇敢行仁。

● **原文** 17.6 子张问仁于孔子。孔子曰："能行五者于天下为仁矣。"请问之。曰："恭、宽、信、敏、惠。恭则不侮，宽则得众，信则人任焉，敏则有功，惠则足以使人。"

○ **译文** 子张向孔子请教仁。孔子说："做事有五种品德，就是仁人了。"子张道："请问哪五种。"孔子道："庄重、宽厚、诚实、勤敏、施惠。庄重就不遭侮辱，宽厚就会得到众人的支持，诚实就会被人任用，勤敏就会高效，施惠才能使人服从。"

○ **评析** 这是孔子从"恭、宽、信、敏、惠"五种德行的角度指出君子具体的行仁之道。

● **原文** 19.6 子夏曰："博学而笃志，切问而近思，仁在其中矣。"

○ **译文** 子夏说："广泛地学习，坚守自己的志向；恳切发问，多考虑身边的问题，仁德就在其间。"

○ **评析** 这是子夏教人学习求仁的途径。

 迁移与小试

与孔子的"仁爱观"略有不同的是，墨子的"兼爱"是建立在所有人平等的基础之上的，他强调人与人要互相友爱，利益要共享。

中国人的智慧绵延千载，中国人的浪漫也是深深刻在骨子里的，如我们的载人飞船叫"神舟"，火星车叫"祝融"，深海载人潜水器叫"蛟龙"，探月工程被命名为"嫦娥"。科技发展日新月异，传统文化薪火相传，我们在用自己的方式表达对古人的敬意，这是我们特有的"中国式浪漫"（见图2-3）。

图2-3 中国墨子号量子科学实验卫星

中国式浪漫还体现在日常生活中，如"新中式"穿搭、国风潮歌曲等，你还能举几个体现"中国式浪漫"的例子吗？

第二节 "忠恕之道"能助我们走出困境吗？

你一定熟悉"内卷"这个网络热词吧，也许你正深陷"内卷"而身心俱疲，有时也会萌生"躺平"的想法，但年少的你又不甘于平庸。于是，选择"内卷"还是"躺平"，让你陷入两难的境地（见图2-4），并在抉择不定时不自觉地被卷入"精神内耗"。

图2-4 "内卷""躺平"的两难选择

思考与联想

儒家文化的人生态度是永不懈怠地激励自己，那么，我们能否从儒家文化中汲取一点精神力量和人生智慧，帮助我们走出现实困境呢？儒家的"忠恕之道"或许可以为我们找到一个突破口。

究底与寻根

一、何为"内卷"？

"内卷"为网络流行语，在经济飞速发展、社会竞争较为激烈的大环境下，大家为了争夺优质教育资源，获得更好的升学和就业机会，往往要付出超出常人的时间和精力，应对各种考试和不同层面的竞争，进而成为"内卷"的一分子。"内卷"的结果是破坏了良性竞争的环境，把大家拖入了恶性竞争的深渊。究其本源，在于竞争者人数过多，而资源和机会都有限，所以每个人只有付出更多的努力，才会在竞争中脱颖而出。

"内卷"这一概念，最早见于德国哲学家康德的《判断力批判》一书，后来美国人类学家戈登威泽将"内卷"界定为"一类文化模式达到了某种最终的形态以后，既没有办法稳定下来，也没有办法转变为新的形态，而只能不断地在内部变得更加复杂的现象"。当一个人付出了极致的努力，承受了巨大的压力，却没有达到预期的效果时，往往容易变得烦躁焦虑，自我怀疑，甚至自我否定，陷入"内卷"还是"躺平"的两难选择。

二、忠恕之道如何防止"内卷"？

子曰："参乎！吾道一以贯之。"曾子曰："唯。"子出。门人问曰："何谓也？"曾子曰："夫子之道，忠恕而已矣。"（《论语·里仁》）"吾道一以贯之"的"道"指的是什么呢？"道"是一个艰深的命题，其可以理解为"仁"或"仁道"。

曾子将孔子所说的"道"又具体解释为什么呢?就是"忠"和"恕",即"忠诚和宽恕"。

"仁"在不同历史时期的不同社会关系中有不同的表现。虽然了解了"忠恕之道",但它如何防止内耗,带我们走出困境呢?"忠恕之道"可以在纷繁的世界里助力我们寻找一种平衡,这种平衡可以是自我与自我的平衡,自我与他者的平衡,人与社会的平衡,也可以是人与自然的平衡。因此很多人将"忠恕之道"誉为"人际关系的黄金法则",我们甚至可以用它来处理人类社会纷繁复杂的关系。孔子的一生也在孜孜不倦地思考和实践,甚至希望解构社会现实,重构社会秩序。孔子的智慧穿越千年,影响了一代又一代的中华儿女。

忠,即"己欲立而立人,己欲达而达人"。恕,即"吾亦欲无加诸人",也就是"推己及人"。

忠之"尽己",是指每一个生命个体都能以积极的心态面对风云变幻的世界,真实真诚,斗志昂扬,永不倦怠,竭尽全力,自强不息,去克服重重困难,不断战胜自己,提升自己,超越自己,改变生存状况,进而影响、改善周围的现实环境。

恕之"推己",是指每一个个体都能以包容的姿态面对错综复杂的现实,化解紧张的人际关系,清醒理性,淡定从容,学会换位思考,为他人着想。个体要"毋意、毋必、毋固、毋我",完善道德品质,提高人格修养。只有具有这些智慧、能力、修养才能克制当下的焦虑。

纵观孔子的一生,我们可以发现他既不"内卷",也不"躺平",更不会陷入"精神内耗"。尽管出身微贱,生活困顿,但他却坦然自信。在年少便失去双亲的情况下,他也没有自怨自艾,反而意志坚定,从社会最底层做起。在人到中年时他依然周游列国,驾着一辆颠簸的木车,行走在苍茫的中华大地上。他在陈绝粮,"累累若丧家之狗",他经历了无数的险恶和迫害,经历了无数的失望甚至绝望,他所面临的境遇和他面对现实的无力感应该超过了许多在现实中彷徨迷惘的青年,但他从未放弃。他勇敢坚毅、坚守信念的背后,是儒家的仁爱和忠恕的力量,这份力量让他有勇气超越苦难,与自己达成和解。理解"忠恕之道"里蕴含的智慧和力量可以帮助我们摆脱"内耗",走出现实困境,最终实现自我和解。

拓展与延伸

《论语》里的大智慧

《论语》里不仅有人生智慧，还有对人生、对自然、对世界的根本问题的思考。中国人民大学国学院教授韩星认为，"仁"是儒家思想体系的核心，是人之为人的基本道理，是人之为人的底线和最高境界。"仁"的实现之道是"仁道"，其基本途径是"忠恕之道"。

《走向全球伦理宣言》旨在弥合经济发展、技术进步等所带来的文明的冲突和分歧，这一宣言在三十年前成为最广泛的人类共识。时至今日，不同文明之间依然存在纷争，但人类命运却休戚与共，正如《论语·里仁》中孔子的弟子子夏所言，"四海之内，皆兄弟也"，儒家思想中"人类一家"的格局是构建人类命运共同体的重要精神力量。

图 2-5　文明互鉴

当下，我们恰逢百年未有之大变局，"忠恕之道"经过现代诠释，应用于多元文明的人类世界，有助于化解文明冲突。多元文明虽各具特色，但可以兼容并包、和而不同，实现超越时空的融合，促进"文明互鉴"（见图 2-5）和"文明对话"。

迁移与小试

"天人合一"糅合了儒、道等多家思想，其无论从哪个维度分析，都是以"和谐"为原则的。"天人合一"既指宇宙、自然、万物的和谐，又指更深层的人与自然、人与万物的和谐。在推进中国式现代化建设的进程中，我们倡导"绿色发展"，努力促进人与自然的和谐共生。"忠恕之道"是儒家思想的精髓，也强调人与人、人与社会、人与自然的和谐共存。可以看出，"忠恕之道"与"天人合一"在这一点上是相契合的。当下，"忠恕之道"中"己所不欲，勿施于人"的准则常被用来处理人际关系和国际关系，你认同这一准则吗？请结合"天人合一"的理念谈谈你的看法。

第三节 《论语》的"礼"现在还有用吗?

名著与生活

中国自古以来就有"礼仪之邦"的美称，国人刻在骨子里的礼仪文化，在电影《长安三万里》(见图2-6)中多有展示。观影之后，大家对于传统的礼仪文化展开了热烈的讨论。有人说，这是诗意的表达；有人称，这是典型的"中国式浪漫"。在电影《长安三万里》中可以看到，李白、高适、杜甫等文人都是彬彬有礼之人。

图 2-6 电影《长安三万里》宣传海报

思考与联想

那么，《长安三万里》中行的是什么"礼"呢? 你知道我们中国人重"礼"的思想是怎么来的吗? 当下，我们在日常生活中还需要这些"礼"(见图 2-7)吗?

图 2-7 用餐礼仪

（题头装饰）究底与寻根

一、叉手礼

在唐朝，见面行礼的方式是两手交叉，其被称为"叉手礼"（见图 2-8）。叉手礼是一种古代的礼仪，是我国古代平常打招呼的礼仪。叉手礼始于西晋，男女老幼都可行礼以示尊敬。唐朝诗人柳宗元有诗曰："入郡腰恒折，逢人手尽叉。"

图 2-8　叉手礼

这种行礼方式在文艺作品中也多有表现，南唐画家顾闳中的《韩熙载夜宴图》描绘了韩熙载家设夜宴、载歌行乐的场面，其中有三个画面出现了"叉手礼"：第一，韩熙载与来宾聚精会神地倾听琵琶演奏时，其中有两人行的是叉手礼；第二，众人观舞时一个和尚行的礼就是叉手礼；第三，宴会结束时，其中有一人回头向韩熙载道别，行的也是叉手礼。

《水浒传》[①]第十五回杨志叉手向前禀道："恩相差遣，不敢不依。只不知怎地打点？几时起身？"在这里，杨志行的也是"叉手礼"。

《说文解字·又部》记载："叉，手指相错也。从又，象叉之形。"[②]如何行"叉手礼"呢？宋人《事林广记》记载："凡叉手之法，以左手紧把右手拇指，其左手小指则向右手腕，右手四指皆直，以左手大指向上。如以右手掩其胸，收不

---

① 施耐庵，罗贯中. 水浒传 [M]. 北京：人民文学出版社，1997：192.

② 许慎. 说文解字 [M]. 北京：中华书局，2013：58

可太着胸，须令稍去二三寸，方为叉手法也。"叉手礼不像拱手、作揖那样行完礼手就放下，而是要放在胸前持续这一动作。

二、何为"礼"？

"礼"字初作"豊"，始见于商代甲骨文。"礼"本指祭神、敬神，"礼"字的演进如图 2-9 所示。

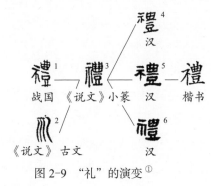

图 2-9 "礼"的演变[①]

《论语·季氏》中有"不学礼，无以立"之言，《论语·里仁》中也有"不能以礼让为国，如礼何"的说法。

"天地之序"是"礼"的来源和法则，其源自农业社会对"天人合一"的信奉，希望通过"礼"的方式，在人类社会中构建出与天地万物自然法则、逻辑秩序相呼应的和谐世界。孔子所倡导的"克己复礼""外礼内仁"也是如此，贯穿其中的便是天地自然的秩序和法则，这是重视"礼"的社会所尊崇的法则。

孔子倡导"克己复礼"，意思是克制自己，使言行举止合乎"礼"。在生活中，"礼"贯穿一个人成长、发展的始终。"人而不仁，如礼何？人而不仁，如乐何？"（《论语·八佾》）"兴于诗，立于礼，成于乐"（《论语·泰伯》），"礼"是一个人在社会立足的根基。

---

① 李学勤. 字源 [M]. 天津：天津古籍出版社，2012：4.

三、《论语》中"礼"的现代传承

守礼不仅能够使个人保有尊严，还有助于一个人进德修业。孔子说："君子不重则不威，学则不固。"君子只有庄重才有威严，只要经常学习就不会固执。我们应在公众场合举止庄重、文质彬彬、谨慎从容，做到"非礼勿视，非礼勿听，非礼勿言，非礼勿动"，处处合乎礼仪规范。

现代人日常倡导的礼仪主要有餐饮之礼、游览之礼、观赏之礼、仪表之礼、行走之礼、言谈之礼、待人之礼、仪式之礼等。

一个人在幼儿时期性情质朴，若遇长者不一定会行礼问好，但这并不代表他不尊重长者，其只不过是不知道该如何表达尊敬之情。所以人需要学习礼，只有学会礼才能在社会中与他人更好地相处。但学礼仅是一个开始，这个时候人多半还只是遵守礼仪规范，还没有将规范和情感完全融汇。所以我们需要不停地实践加以巩固，直到能将礼仪规范与内在情感完美结合，所有行为无不合于礼，也就是达到孔子所说的"从心所欲，不逾矩"的境界。这既是一个人的成长过程，也是一个人人格和道德完善的过程，是一个人从质朴的粗野之人蜕变为君子、圣人的过程，也是人类从蒙昧走向文明不可或缺的一部分。

任何民族都十分注重"礼"，它是一个人与他人和睦相处的桥梁，它标志着一个社会的文明程度，反映着一个民族的精神面貌。

拓展与延伸

二十四节气与"礼"

入选联合国教科文组织人类非物质文化遗产代表作名录的"二十四节气"（见图2-10）具有很强的纽带性，它让普通百姓的日常生活与传统文化相互依存，是庙堂和民间的重要纽带，它跨越时空，为我们建立了一种紧密的文化认同关系。在民间，二十四节气是农耕季节的标志，以"天人合一""尊重自然"为依据，"斧斤以时入山林"，尊重"天地之序"，它不仅建构出典型的地域民俗文化，更蕴含着农耕文化的深厚底蕴。在士大夫层面，节气则直接指向传统文化，能够充分印证中华礼乐文化的传统。

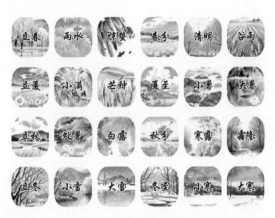

图 2-10 二十四节气图

"礼乐"乃孔子所奠定的儒家思想体系的核心价值观念，中国传统文化的主体内容即礼乐文化。中国古代的"礼"与"乐"始于远古的原始崇拜。"礼"原指祭祀神灵的仪式，"乐"是音乐乐器的象征。礼和乐是中国传统社会的两大基石，节气印证着礼乐文化传统。

《尚书·舜典》中"协时月正日，同律度量衡"的记载，可能是最早的涉及节气的文献，这可以说是礼乐文化的总纲，这个总纲形成了一条"礼—节气—乐"的文化链，整个文化链条内部有着严密的逻辑关系。节气蕴含着礼乐文化传统。礼文化博大精深，源远流长。孔子说："夏礼，吾能言之，杞不足征也；殷礼，吾能言之，宋不足征也。文献不足故也。足则吾能征之矣。"（《论语·八佾》）孔子又说："周监于二代，郁郁乎文哉！吾从周。"（《论语·八佾》）我们的礼乐文化原点在周代，"礼"和"乐"是两条文脉，那些遵循礼乐传统的文化才被视为正统。

2022 年，第 24 届冬季奥运会开幕当天是公历 2 月 4 日，这天恰逢立春（见图 2-11）。北京冬奥会开幕式的"二十四节气倒计时"也暗合了"礼—节气—乐"这一脉络。

图 2-11 二十四节气之立春

2023年7月28日，成都举办了第31届世界大学生夏季运动会，为弘扬中华民族"礼仪之邦"的优秀传统，成都市人民政府外事办公室在大运会开幕前一个月，陆续推出了5集《国际蓉涉外礼仪指南》系列短片，用生动形象的画面解读涉外交往的方方面面，具体内容如下：

（1）讲解国际通行的问候方式、交谈的话题选择和交往禁忌。

（2）为观众分享观看比赛和演出时的着装要求、应当遵守的一般性规范等。

（3）讲解餐具、餐巾的正确使用方式、用餐时的谈话礼节等涉外礼仪常识。

（4）与观众分享在不同涉外交往活动场合应当如何搭配服饰的颜色、配饰及款式。

（5）讲解在国际组织、多边外交活动、国际体育比赛开幕式中的排序依据，以及与外宾会见、会谈、用餐的座次安排等礼宾惯例。

请思考并尝试说出这五条分别对应的是"礼"的哪个方面。

第四节 什么是真正的"孝"？

"孝"是中华民族传统文化的核心价值观之一，它代表着对父母的尊敬、关爱和回报，是家庭伦理的基石。"孝"作为一种道德准则，贯穿于中国古代文化典籍，如《论语》《孝经》等。即便时代变迁，社会发展，"孝"的内核仍然不变，且历久弥新。一个个"孝"的故事传递着"孝"的精神，这种精神也让我们的世界更加和美。

河南青年张尚昀家境贫寒，考入大学后不久母亲就患了重病，日常生活不能自理，于是他将患病的母亲从老家背到他大学所在的城市。为给母亲治病，他白天背着母亲外出打工挣钱，晚上一边照顾母亲一边勤奋苦读，最终以优异的成绩完成学业。不仅如此，他还以笔试第一名的成绩考取了河南省公务员，他就是由河南龙兴文化传播有限公司出品的电影《当代孝子》（见图2-12）的原型。

图2-12 电影《当代孝子》宣传海报

其实，从古至今，这样的感人事迹还有很多，中华儿女们用实际行动诠释了什么是真正的"孝"，让人们看到了现代年轻人对父母的深厚情谊。

思考与联想

你知道古人是怎样孝顺父母的吗？《论语》中孔子是怎么解说孝道的？在现代社会，我们又应该怎样践行孝道呢？什么才是真正的"孝"？

"共和国勋章"获得者黄旭华在父亲去世时都未能送行，他的母亲从63岁到93岁才见过他一面。黄旭华院士隐姓埋名三十年，潜心于核潜艇研究却不能在父母身边尽孝，对此你有什么看法？

究底与寻根

"孝"（见图2-13）从甲骨文字形来看，像一个孩子搀扶老人之形。古人认为"孝"就是"善事父母"，要以真诚的心对待父母，提升父母生活的幸福指数。

图 2-13 "孝"的演变 [1]

一、"孝"的根本：孝养父母

《论语》阐释了"孝"的基本含义。"父母之年，不可不知也。一则以喜，一则以惧"（《论语·里仁》），儿女要将父母的年龄时时牢记于心，努力让他们活得久一点，也要关注他们的身体状况，时时刻刻挂念父母。这样一来，才能真正体现出子女对父母的孝心。这是"孝亲"。

子曰："今之孝者，是谓能养。至于犬马，皆能有养。不敬，何以别乎？"（《论语·为政》）可见，对待父母与对待犬马的区别是，人不单要保证父母基本的吃穿住用行，更要怀着一颗恭敬之心，孝敬父母。这是"敬亲"。

"子畏于匡，颜渊后。子曰：'吾以女为死矣。'曰：'子在，回何敢死？'"（《论语·先进》）钱穆先生也曾说过："子女以谨慎持身，使父母唯以其疾病为忧，言他物可忧。人之疾，有非己所能自主使必无。"身为子女，要爱惜自己的身体。健康成长，砥砺前行，让父母放心、安心，自己安好是对父母的最大孝敬。这是"安亲"。

从"孝亲""敬亲"到"安亲"，"孝"的内涵不断丰富。

二、"孝"的主张：提倡"悦谏"

孔子作为"孝敬"父母的积极倡导者，他充分肯定并非常重视父母在家庭中的地位，但孔子对"孝"的理解的进步之处在于子女不能对父母盲从。"孝"是

---

① 李学勤. 字源 [M]. 天津：天津古籍出版社，2012：742.

孝顺但不是愚孝。孔子对于"孝"有自己独到的见解。

"事父母几谏。见志不从，又敬不违，劳而不怨。"（《论语·里仁》）虽然忧劳，但不抱怨，更不怨恨。

"谏"的基本内涵是以直言规劝或给别人提出合理的建议，"谏"既包括同辈、朋友之间的"谏"，也包括下对上的"谏"。"几"，含蓄的意思，"几谏"就是用委婉、暗示的方式表达自己内心的意见。孔子认为，作为子女，要怀有恭敬之心，面对父母所犯的错误，在感情上不要伤害他们，更不要总是埋怨父母，甚至固执地要改变父母的想法，而应该耐心地跟他们分析犯错误的原因，通过不厌其烦地分析让他们意识到自己的错误，不能乱发脾气，或与父母发生激烈的争吵，用一些简单粗暴的方式解决问题。这里蕴含着"谏争即孝"的传统文化，建立了一种平等对话的亲子关系。两千多年前的"孝"的思想在今天仍熠熠生辉。

三、"孝"的推广：由小孝而大孝

孔子认为"孝"可以分为"小孝"和"大孝"。"小孝"是最基本的"孝"，其主要是对自己父母的"孝"。在做好"小孝"的基础上，我们应致力于"大孝"，"大孝"需要突破家庭之"小家"，上升到国之"大家"，主要是指对国家的"孝"，即对国家和人民的热爱。

具体来讲，"孝"具有不同的呈现形式和逻辑层次，其中，"孝养"和"孝敬"自己的父母是最基本的表现，子女要保证父母的基本生活需要，尊敬父母，注重礼。

热爱祖国、心系百姓则是更高层次的"大孝"。例如，孔子身边曾经有位总管叫原思，一次孔子"与之粟九百"，他推辞不要，孔子便对他说："毋！以与尔邻里乡党乎！"（《论语·雍也》）意思是自己不要粮食，可以周济邻里乡党中需要的人。从这个角度看，关爱他人也是一种"孝"，是"大孝"，"孝"的对象延伸到天下，惠及百姓。

"贤贤易色，事父母能竭其力，事君能致其身，与朋友交言而有信。"（《论语·学而》）孔子主张将对父母的"仁爱"推及、应用到社会关系的处理，也将之视为对待祖国"母亲"的态度，进而热爱祖国、忠于祖国，做到"大孝"。

拓展与延伸

一、你知道古人如何行"孝"吗？

你平时是怎么和父母交流的？会跟父母发脾气吗？你知道古人用什么态度跟父母沟通吗？"色顺辞逊，冬温夏清，昏定晨省"（见图2-14）是古人平时孝敬父母的重要礼节，这也渐渐成了一种孝俗。"色顺"，神态温顺；"辞逊"，语言谦和，这是告诉我们在和父母交流时语气要平缓，"冬温夏清"是就全年而言的，子女要保证父母冬天感到温暖，夏天感到清凉，既不能挨冻，又不能受热。"昏定晨省"是就一天而言的，子女每天早晨要探望、问候父母，恭敬地请安。晚上也要去探望请安，直到天色将黑时，父母就寝，自己才可休息。"昏"，天色将黑时；"省"，看望探望、问候请安。

图2-14　色顺辞逊

这一孝俗在现代则表现为我们在与父母交流时，要始终保持和颜悦色，语气谦逊有礼。无论工作多忙，我们都不要忘记给父母一个温暖的微笑，一句亲切的问候。我们要懂得倾听他们的心声，尊重他们的意见，让他们感受到我们的尊重和关爱。我们要时刻关注父母的生活需求，确保他们在寒冷的冬天有温暖的衣物和舒适的住所，在炎热的夏天有清凉的环境和适宜的饮食。我们要关心他们的身体健康，定期带他们去医院检查，确保他们身体健康、精神愉快。

我们日常的工作学习可能很忙，因此我们更要向父母报平安，让他们安心入睡。早晨起床后，我们也应当第一时间向父母问好，询问他们的身体状况和心情。这种日复一日的关心与陪伴，能让父母感受到我们的孝心和爱意。

总之，在现代社会，孝敬父母的方式虽然多种多样，但"孝"的核心精神始终未变。我们要时刻关注父母的需求和感受，用我们的行动和言语表达我们对他们的爱和尊重，让父母感受到我们的孝心和关爱。

二、孝的故事，打动人心

狄仁杰从小喜爱读书，专心刻苦。父亲去世后，他非常悲痛，于是把全部孝心放在母亲身上，每天问候请安，侍奉饮食。他步入官场后，不得不离开母亲，他日夜思亲，魂牵梦萦。狄仁杰后来从汴州参军改任并州法曹参军，赴任途中行经太行山，他站在山上，遥望母亲所住的河阳方向，但见长空辽阔，白云孤飞，不由黯然神伤，说："我娘就在那片白云下面啊！"他双眼含泪，站在那里望了很久很久，直到白云消失，才又上路。

武则天称帝，狄仁杰以其杰出的才干两次出任宰相，竭诚辅佐女皇。武则天晚年，在立儿子还是立侄儿为太子的问题上举棋不定。关键时刻，狄仁杰用母子亲情，用一个"孝"字，为女皇解决了疑难，他说："太子，天下本，本一摇，天下危矣。姑侄和母子，孰疏孰亲？陛下立亲子为太子，则千秋万岁后常享宗庙；若立侄儿为太子，宗庙可不祔姑母啊！"武则天因此决定，召回被废黜的儿子李显，并立其为太子。此举使李唐王朝的江山得以传承和延续，为后来盛唐的繁荣打下了基础。

迁移与小试

作为学生，我们虽然能力有限，但在日常生活中也可以做到以下几点来践行孝道。

尊重与倾听：尊重父母的意见和决定，即使自己有不同的看法，也要以尊重的态度表达。同时，聆听父母的分享和教导，这不仅是自身学习的机会，更是对父母的尊重。

分担家务：主动承担一些家务劳动，如打扫卫生、洗碗、做饭等。这不仅可以减轻父母的负担，还能培养自己独立生活的能力。

关心父母的身体：注意父母的身体状况，提醒他们按时吃药、定期检查。在寒冷的冬天，可以为他们准备热茶或暖水袋；在炎热的夏天，可以为他们准备一些清凉解暑的食物。

努力学习：在学校努力学习，取得好成绩，让父母为自己的进步和成就感到骄傲。这是对父母辛勤付出的最好回报。

陪伴与交流：在忙碌的学习之余，抽出时间陪伴父母，与他们聊天、散步或一起看电影。这可以让父母感受到自己的陪伴和关爱。

表达爱意：适时地向父母表达自己的爱意和感激之情，如说一句"我爱你""谢谢你"等。这可以让父母感受到自己的爱和关心。

> 子曰："事父母几谏。见志不从，又敬不违，劳而不怨。"（《论语·里仁》）

> 子贡问友。子曰："忠告而善道之，不可则止，毋自辱焉。"（《论语·颜渊》）

从这两则章句中可以看出孔子在劝告父母和朋友方面体现了怎样的原则？请结合以上所学所悟谈谈你的想法。

第五节 "勇"只是"勇敢"吗？

名著与生活

在现实生活中有很多勇敢的人，他们的行为总是能深深地打动我们。杭州快递小哥彭清林从15米高的桥上跳入钱塘江，成功救起一名轻生的女子，杭州市人民政府授予他"见义勇为二等功"（见图2-15）；女孩钟芳蓉的高考成绩位于湖南省文科第四名，在选报专业时，她毅然放弃热门专业，勇敢地选择了北京大学考古学。

他们都是生活在我们身边的真正的"勇士"，他们的勇敢、坚毅和执着打动了许多人。我们可以像彭清林一样置个人安危于不顾，见义勇为；也可以像贾玲一样挑战自我，实现成长和蜕变；更可以像钟芳蓉一样倾听内心的声音，用行动证明任何人都可以有梦想。

图 2-15 彭清林：见义勇为二等功①

古往今来，像这样勇敢的人还有很多，人生之路有顺遂也有艰辛，他们可能屡次受挫，痛苦挣扎，身心俱疲，但他们依然不辍梦想，不言放弃，像被誉为"敦煌女儿"的樊锦诗（见图 2-16）放弃优渥的生活，来到大漠敦煌；像被誉为"英雄航天员"的邓清明，近 25 年的备战，4 次与飞天梦失之交臂，却凭借热爱和勇毅，最终圆梦太空。那么，是什么力量让他们如此勇敢果决，甚至奋不顾身呢？

图 2-16 "敦煌女儿"樊锦诗

"勇"之演进

探寻古往今来"勇者之勇"的动力之源，首先要从了解"勇"字的不同写法说起。"勇"字是上面一个"甬"字，下面一个"力"字，古代"甬"和"涌"

---

① 跳桥救人的湖南小哥，记二等功 [EB/OL].（2023-06-26）. https://baijiahao.baidu.com/s?id=176972434
3230307644&wfr=spider&for=pc.

通用，表示元气升腾，如泉水从地下涌出，下面的"力"字古文写作"心"字，即"愿"，古文"愿"从心。

从"勇"字的甲骨文写法来看，字的外形像一只鸟，下面是一颗心，心是先天元气，元气是天地之心，鸟则是太阳鸟，太阳鸟引导着元气升降，古人认为"气之所至，力亦至"，因此后来勇字下面的"心"字换成了"力"。

历代学者对"勇"字的解读不同，东汉许慎在《说文解字》中对"勇"（见图2-17）的解释是"勇，气也。从力甬声"。古文"愿"从心。气之所至，力亦至焉；心之所至，气乃至焉。"勇"字本义为果敢，胆大。"勇"字的演进如图2-18所示。

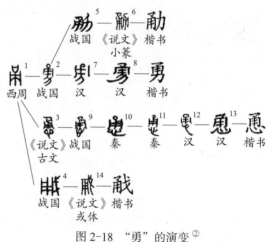

勇 yǒng 喻纽、东部；以纽、肿韵、余陇切。

图2-17 "勇"① 图2-18 "勇"的演变②

清代训诂学家段玉裁在《说文解字注》中把"勇"字解释为"一种能激发人行动的气"。《现代汉语词典》对"勇"字的解释是"勇敢"。

我们再来纵向梳理《论语》中关于"勇"字的论述，并做出评析。

● **原文** 2.24 子曰："非其鬼而祭之，谄也。见义不为，无勇也。"

○ **译文** 孔子说："不祭祀自己的祖先，那是献媚。见到该做的事而不做，那是没勇气。"

---

① 李学勤. 字源 [M]. 天津：天津古籍出版社，2012：1211.

② 同①：1212.

○ **评析** "见义勇为"是君子应该具有的美德，如果"见义不为"，便是不仁不义。孔子在这里探讨了"勇"和"义"的关系。

● **原文** 8.2 子曰："恭而无礼则劳，慎而无礼则葸，勇而无礼则乱，直而无礼则绞。君子笃于亲，则民兴于仁，故旧不遗，则民不偷。"

○ **译文** 孔子说："恭敬而不知礼，就是徒劳；只知谨慎却不知礼，便会胆怯；只是勇猛却不知礼，就会莽撞作乱；心直口快却不知礼，便会刻薄。君子用深厚的感情对待自己的亲族，民众中则会兴起仁德的风气；君子不遗忘背弃他的老朋友，百姓就不会对人冷漠淡然了。"

○ **评析** 恭敬、谨慎、勇敢、直率是美好的德行，但是勇敢却不守礼就会扰乱社会秩序。孔子在这里强调了"勇"和"礼"的关系。

● **原文** 8.10 子曰："好勇疾贫，乱也。人而不仁，疾之已甚。乱也。"

○ **译文** 孔子说："喜欢勇敢却厌恶贫困，是一种祸害。对不仁的人过于厌恶，也是一种祸害。"

○ **评析** 儒家倡导以礼来规范人的行为，其具有积极正向的引导作用，但要恰到好处，孔子在这里强调了"勇"和"中庸"的关系。

● **原文** 14.4 子曰："有德者，必有言。有言者，不必有德。仁者，必有勇，勇者，不必有仁。"

○ **译文** 孔子说："有德的人一定有好的言论，但有好言论的人不一定有德。仁人一定勇敢，但勇敢的人不一定有仁德。"

○ **评析** 勇敢只是仁德的一个方面，除勇敢外，君子还需要多方面的修养。孔子在这里阐释了"勇"和"仁"的关系。

● **原文** 14.28 子曰："君子道者三，我无能焉：仁者不忧，知者不惑，勇者不惧。"子贡曰："夫子自道也。"

○ **译文** 孔子说，"君子追寻的三个境界，我都没达到：仁德的人不忧愁，智慧的人不迷惑，勇敢的人不惧怕。"子贡说："这是老师对自己的描述啊。"

○ **评析** 判断一个人是否为君子的三条标准是"仁、智、勇"。孔子在这里暗示了"勇""智""仁"三者的关系。

● **原文** 17.8 子曰:"由也,女闻六言六蔽矣乎?"对曰:"未也。""居!吾语女。好仁不好学,其蔽也愚;好知不好学,其蔽也荡;好信不好学,其蔽也贼;好直不好学,其蔽也绞;好勇不好学,其蔽也乱;好刚不好学,其蔽也狂。"

○ **译文** 孔子说:"仲由!你听过六种品德和六种弊病吗?"子路回答说:"没有。"孔子说:"坐!我告诉你。爱好仁却不爱好学习,它的弊病是愚蠢;爱好聪明而不爱学习,它的弊病是放荡不羁;爱好诚信而不爱好学习,它的弊病是容易被人利用;爱好直率而不爱好学习,它的弊病是说话刻薄;爱好勇敢而不爱好学习,它的弊病是容易闯祸;爱好刚强却不爱好学习,它的弊病是狂妄。"

○ **评析** 孔子从六种品德和六种弊病的角度谈学习的重要性,并指明了"勇"和"学"的关系。

● **原文** 17.23 子路曰:"君子尚勇乎?"子曰:"君子义以为上。君子有勇而无义为乱,小人有勇而无义为盗。"

○ **译文** 子路说:"君子崇尚勇敢吗?"孔子说:"君子把义看作最尊贵的。君子有勇无义就会作乱,小人有勇无义就会偷盗。"

○ **评析** 孔子并不排斥勇,但也不无原则地提倡,其指明了有勇无义的后果,孔子再次强调了"勇"和"义"的关系。

● **原文** 17.24 子贡曰:"君子亦有恶乎?"子曰:"有恶:恶称人之恶者,恶居下流而讪上者,恶勇而无礼者,恶果敢而窒者。"曰:"赐也亦有恶乎?恶徼以为知者,恶不孙以为勇者,恶讦以为直者。"

○ **译文** 子贡问:"君子也有憎恶的人或事吗?"孔子说:"有,憎恶宣扬别人过错的人,憎恶居下位而毁谤居上位的人,憎恶勇敢而失礼仪的人,憎恶果敢而一意孤行的人。"孔子问:"赐,你也有憎恶的人和事吗?"子贡说:"我憎恶抄袭他人之说却自以为明智的人,憎恶把不谦逊当作勇敢的人,憎恶揭发别人的隐私却自以为直率的人。"

○ **评析** 孔子界定了"勇敢"和"谦逊"的概念，从反面论述了"勇"和"礼"的关系。

《论语》比较全面地阐释了"勇"的内涵和外延，可以看出，孔子认为"勇"不是孤立存在的，"勇"需要"仁""礼""义"的制约，"勇"需要"智""学"的加持。只有真正理解"勇"，我们才能够更好地立身行事。

一、"仁、智、勇"并称

在《论语·子罕》篇中，孔子对君子三种品德的界定是："知者不惑，仁者不忧，勇者不惧。"他把"仁、智、勇"并称，其实"仁、智、勇"并称在很多历史文献中都被提及过，《国语·晋语六》中引述了郤至的话，"至闻之：'武人不乱，智人不作，仁人不党。'夫利君之富，富以聚党，利党以危君，君之杀我也后矣。"意在说明有武力的人不作乱，有智慧的人不狡诈，讲仁义的人不结党。

《国语·晋语二》中太子申生也说，"吾闻之：'仁不怨君，智不重困，勇不逃死'。"意在说明仁爱的人不怨恨君主，聪明的人不受双重困扰，勇敢的人不逃避死亡。

《国语·周语》："夫仁、礼、勇，皆民之为也。以义死用谓之勇，奉义顺则谓之礼，畜义丰功谓之仁。"《史记·平津侯主父列传》有"智，仁，勇，此三者天下之通德"的说法。

主张"性善论"的孟子与主张"性恶论"的荀子虽然从不同的路径发展了孔子的儒学，但他们在勇德的看法上却基本保持一致，强调"勇"不是一腔孤勇，而是需要"仁、义、礼、智、学"的节制。荀子又把"勇"进行了细化，"有狗彘之勇者，有贾盗之勇者，有小人之勇者，有士君子之勇者"。孟子也把"勇"分为"大勇"和"小勇"。他们的终极目标殊途同归，都指向人人向善。

二、"三达德"

《礼记·中庸》中提到，"知仁勇三者，天下之达德也。"三达德（见图2-19）即"智""仁""勇"三大品行。

图2-19 "三达德"

《中庸》："天下之达道五，所以行之者三。曰：君臣也，父子也，夫妇也，昆弟也，朋友之交也，五者，天下之达道也。知仁勇三者，天下之达德也，所以行之者，一也。或生而知之，或学而知之，或困而知之，及其知之，一也；或安而行之，或利而行之，或勉强而行之，及其成功，一也。子曰：'好学近乎知，力行近乎仁，知耻近乎勇。知斯三者，则知所以修身；知所以修身，则知所以治人；知所以治人，则知所以治天下国家矣。'"这段话为"勇"找寻了一条出路，不论是修身，还是治国理政，知道耻辱，不惧危难，就接近勇敢了。

迁移与小试

子谓颜渊曰："用之则行，舍之则藏，唯我与尔有是夫！"子路曰："子行三军，则谁与？"子曰："暴虎冯河，死而无悔者，吾不与也。必也临事而惧，好谋而成者也。"（《论语·述而》）

孔子认为，赤手空拳和老虎搏斗，徒步涉水过河，至死不悔的人，"吾不与也"，通过上述对"勇"的内涵的分析以及"勇"与"仁、智"的关系的阐释，你能否为孔子的"吾不与也"找到依据。

司马牛问君子。子曰："君子不忧不惧。"曰："不忧不惧，斯谓之君子已乎？"子曰："内省不疚，夫何忧何惧？"（《论语·颜渊》）

有人用孔子答司马牛的"内省不疚"解释"君子不忧不惧"，认为这是着眼于内在生命的思考，你是否赞同？请说出你的理由。

第六节 你知道"诗""乐"的力量吗?

近几年,国学热(见图2-20)持续升温,很多学校开展吟诵《论语》《诗经》等国学典籍活动,甚至家校合作,走进故宫、国子监等历史遗迹。学校对于经典文化的关注和热爱充满了仪式感,旨在让传统文化浸润孩子的心灵。国学热的兴起是一次传统文化的回归,也是当下人们对传统文化的认同。

图 2-20 国学活动

那么,国学为什么在当下被重新提起并受到越来越多人的重视呢?"诗"与"乐"究竟有怎样震撼人心的力量?为什么孔子"在齐闻韶(见图2-21),三月不知肉味"呢?

图 2-21 孔子闻韶处碑

究底与寻根

一、学《诗》立言

在《论语·泰伯》中孔子这样评价"诗"与"乐","兴于诗，立于礼，成于乐"。对青年学子来说，读《诗经》可以激发上进心，学礼可以成为立身的根本，掌握音乐可以达成教化的目的。"诗、礼、乐"是立志、修身、治学、处世、教育的重要内容，沿着"诗、礼、乐"的方向完善自我才是人生正途。"诗"可以感染人，启迪心智、陶冶性情，顿悟人生的真谛；"礼"能约束、规范人的行为，健全人格；"乐"作为最后一个步骤则在乐曲中使修身、求知顺利完成，使人格得以完善，不断走向成熟。

孔子谈《诗》的时候，常将其与"兴"紧密关联，如《论语·阳货》篇，"小子！何莫学夫诗？诗，可以兴，可以观，可以群，可以怨。迩之事父，远之事君，多识于鸟兽草木之名"。可见，学《诗》可以指导为政，增进交流，促进身心健康，协调人际关系，获取并增长知识，培养观察力、联想力以及逻辑思维能力等，其有诸多益处。

《中庸》也说："天命之谓性，率性之谓道，修道之谓教。"阐述了人性的根源，以及其与道德和修行的关系。人性是人的天命本性，依循本性才是正途，修行教化可以提升人的道德修养。

我们再以《论语》里与《诗》相关的语句加以印证，通过评析加深对学《诗》的意义的理解。

● **原文** 1.15 子贡曰："贫而无谄，富而无骄，何如？"子曰："可也。未若贫而乐，富而好礼者也。"子贡曰："《诗》云：'如切如磋，如琢如磨。'其斯之谓与？"子曰："赐也，始可与言《诗》已矣！告诸往而知来者。"

○ **译文** 子贡说："贫穷却不阿谀奉承，富贵却不骄傲自大，怎么样？"孔子说："可以了，但不如贫穷却乐于道，富贵却谦虚好礼。"子贡说，"《诗经》上说：'这就像骨、角、象牙、玉石等的加工一样，先开料，再粗锉，细刻，磨光，对吧？"孔子说："赐呀，现在可以同你讨论《诗》了。告诉以往的事，你能举一反三了。"

○ **评析** 孔子充分肯定了《诗经》中关于一个人精益求精做事，对贫富安之若素的人格修养的描述。

● **原文** 2.2 子曰："《诗》三百，一言以蔽之，曰'思无邪'。"

○ **译文** 孔子说："《诗经》有三百多篇，用一句话概括就是思想纯正。"

○ **评析** 孔子在这里强调了《诗经》的教化作用。

● **原文** 3.8 子夏问曰："'巧笑倩兮，美目盼兮，素以为绚兮。'何谓也？"子曰："绘事后素。"曰："礼后乎？"子曰："起予者商也！始可与言《诗》已矣。"

○ **译文** 子夏问道："'轻盈的笑脸多美，黑白分明的眼睛多明媚，像在洁白的质地上画着美丽的图案。'什么意思呢？"孔子说："先有白色底子，然后在上面画画。"子夏说："礼仪是在有了仁德之心之后才产生的？"孔子说："能够给我启发的是卜商啊！可以开始和你谈《诗经》了。"

○ **评析** 孔子强调了外表的礼节仪式与内心的真实情感的统一性。

● **原文** 7.18 子所雅言，《诗》《书》、执礼，皆雅言也。

○ **译文** 孔子读《诗经》《尚书》和执行礼事，都用雅言。

○ **评析** 孔子强调了用正音雅言读《诗经》的重要性。

● **原文** 13.5 子曰："诵诗三百，授之以政，不达；使于四方，不能专对；虽多，亦奚以为？"

○ **译文** 孔子说："熟读《诗经》三百篇，交给他政务，办不成；派他出使外国，又不能独立应对。虽读书多，但有什么用处呢？"

○ **评析** 孔子以例证的形式论述了学以致用的意义和价值。

● **原文** 16.13 陈亢问于伯鱼曰："子亦有异闻乎？"对曰："未也。尝独立，鲤趋而过庭。曰：'学诗乎？'对曰：'未也。''不学诗，无以言。'鲤退而学诗。他日又独立，鲤趋而过庭。曰：'学礼乎？'对曰：'未也。''不学礼，无以立。'鲤退而学礼。闻斯二者。"陈亢退而喜曰："问一得三，闻诗，闻礼，又闻君子之远其子也。"

○ **译文**　陈亢问伯鱼："你在老师那里得到不同的教诲吗？"伯鱼回答说："没有。他曾一个人站在那里，我快步走过庭前，他说：'学诗了吗？'我回答说：'没有。'他说：'不学诗就不会说话。'我退回后学诗。另一天，他又独自站着，我快步走过，他问：'学礼了吗？'我说：'没有。'他说：'不学礼，就没法立身处世。'我就马上学礼。我只听到的是这两次教诲。"陈亢回去后高兴地说："问一件事，知道了三件事，知道要学诗和礼，又知道君子不偏私他的儿子。"

○ **评析**　孔子以身作则，对学生一视同仁，重视学诗和学礼。

二、赏"乐"怡心

从以上孔子对《诗经》的评述中不难看出，《诗经》与儒家的仁、礼、乐紧密相连。如果说《诗经》是中国人的精神底色，是我们遥远的精神故乡，那么"乐"带给我们的则是穿越时空的精神力量，倾听雅乐能让我们修心养性。在孔子对"乐"的阐释中，"乐"除了可以调节人的情绪，彰显人的审美品位，还可以应用于社交、礼仪和祭祀之中，即"社交乐""仪式乐""祭祀乐"。因此"乐"不仅具有艺术性，还具有道德性。当然，《论语》中的"乐"是以"仁"为基础的，其不能脱离"仁"单独存在。"乐"与礼、义等儒家要旨一起能够起到完善人格的作用。

（一）"乐"的演进

樂，甲骨文（丝）（木），字形像木上系着丝线的琴具，本义是一种弦乐器；有的金文加了（白，说唱），强调弹琴伴奏；至此"乐"（yuè）还总指音乐。

《论语·学而》中有"有朋自远方来，不亦乐乎"的句子，这里由读音

（yuè）引申到读音（lè），含义是"快乐的"。由此，"乐"由乐器、音乐或与音乐相关的动作演变成一种情感体验。

（二）乐学

"子与人歌而善，必使反之，而后和之。"（《论语·述而》）孔子注重生活的艺术化，通过唱歌足见孔子乐善无穷的心怀。《论语·述而》中孔子还提到，"其为人也，发愤忘食，乐以忘忧，不知老之将至云尔"。他说自己发奋用功到连吃饭都忘了，快乐得忘记了忧愁，不知道衰老将要到来。孔子快乐的源泉不是苦学，而是在获取知识的过程中感受到快乐。"学习"除了怡然自乐，还能给他人带来快乐，在烦扰的世事之中，"学习"可以冲淡烦恼，蕴藉心灵。于是，孔子之"乐"，不是一味地享乐，而是汲取知识、艰辛努力后获得的快乐，这是儒家一种昂扬向上的生命姿态。

（三）乐道

"乐"不仅具有艺术性，还具有道德性。在《论语·阳货》中孔子感叹，"礼云礼云，玉帛云乎哉？乐云乐云，钟鼓云乎哉？"礼，仅是礼器吗？乐，仅是乐器吗？孔子针对世风拷问礼乐的本质。徐干在《中论》中也谈到，"陈笾（biān）豆、置尊俎（zǔ）""非礼乐之本也"。摆放礼器等技艺不是礼乐的根本。

1. 完善人格

在《论语·八佾（yì）》中孔子说："人而不仁，如礼何？人而不仁，如乐何？"做人如果没有仁德，怎么对待礼仪制度呢？如果没有仁德，又怎么对待音乐呢？孔子认为礼乐应以仁德为本。

在《论语·宪问》中子路问成人。子曰："若臧武仲之知，公绰之不欲，卞庄子之勇，冉求之艺，文之以礼乐，亦可以为成人矣。"这是孔子关于完美人格的一段论述，孔子认为一个人有智慧，不贪求，勇敢，有才艺，再用礼乐增加文采，可以称得上完人。加冠成人，就意味着为自己负责，就要不断修养道德，完善自己的人格。

2. 尽善尽美

《论语·八佾》中孔子认为《韶》乐"尽美矣，又尽善也"，认为《武》乐

"尽美矣，未尽善也"。《韶》乐曲的旋律和内容都好，《韶》乐有道德基础。《武》乐的乐曲虽美，内容却是歌颂武王灭商功绩，不够尽善尽美。孔子追求的是一个完美、和平的理想社会，所以"子在齐闻韶，三月不知肉味"。《韶》乐是赞美舜的乐章，孔子具有很好的音乐素养和极强的音乐鉴赏力，"不图为乐之至于斯也"，他从《韶》乐中受到了教化。"子之武城，闻弦歌之声"，子游身为武城的邑宰，用礼乐教化民众，弦歌不辍。同时，《礼记·曲礼》中的"乐不可极"也告诫我们"乐"（lè）是需要被约束的。

一、"兴、观、群、怨"说

　　孔子"兴、观、群、怨"的观点被引入文学批评，成为文艺理论的"兴、观、群、怨"说。

　　文学层面：李泽厚先生认为"兴、观、群、怨"一直是中国传统文艺批评理论中的原则之一，"怨"为后世各种哀伤怨愤之情找到了发泄的理论依据。但"温柔敦厚""怨而不怒"的儒家伦理又严重约束了"怨"的真正发展，中国文学创作中少狂欢、少浪漫，多冲淡平和。

　　社会层面：孝与忠，"事父、事君"是人的基本伦理道德。

　　自然层面：多识于鸟兽草木之名。

　　钱穆先生认为，"诗尚比兴，多就眼前事物，比类而相通，感发而兴起。故学于《诗》，对天地间鸟兽草木之名能多熟识，此小言之。若大言之，则俯仰之间，万物一体，鸢飞鱼跃，道无不在，可以渐跻于化境，岂止多识其名而已。"[①]

　　"兴"强调形象性，强调用艺术的形象感染人，"观"强调想象性，"群"强调人际交往的重要性，"怨"强调情感性。

---

① 钱穆. 论语新解 [M]. 武汉：长江文艺出版社，2020：392.

二、孔子文论的独特性

孔子在两千多年前对情感做的界定成为中国文学史情感发展的渊源和方向，孔子把他的艺术观看成实现仁学的一个手段，在他看来审美的情感是一种道德情感，这种情感是以审美为前提的，始终在审美的范畴内，是有限制的情感。

孔子的文论更强调个体与社会的和谐统一，因此，文学虽有功利性，但我们也能从中看到美。与之相比，西方文论更强调思辨精神。此外，孔子的文论更强调内心的自省，而西方文论重视对外界的观察。

孔子美学从个体的感性心理同社会的理性道德规范统一之中寻找美。他把美与现实的人类日常生活结合起来，认为美存在于现实中。

 迁移与小试

（1）子曰："《诗》三百，一言以蔽之，曰'思无邪'。"（《论语·为政》）

（2）陈亢问于伯鱼曰："子亦有异闻乎？"对曰："未也。尝独立，鲤趋而过庭。曰：'学诗乎？'对曰：'未也。''不学诗，无以言。'鲤退而学诗。"（《论语·季氏》）

（3）子曰："小子！何莫学夫诗？诗，可以兴，可以观，可以群，可以怨。迩之事父，远之事君。多识于鸟兽草木之名。"（《论语·阳货》）

（4）子曰："诵诗三百，授之以政，不达；使于四方，不能专对。虽多，亦奚以为？"（《论语·子路》）

孔子非常重视《诗经》的作用，他认为学好《诗经》可以帮助人们解决政治、外交、修身、表达等许多问题。孔子认为《诗经》三百篇皆"思想纯正"之作，并反复强调学《诗》的重要性。在第四则语录中，孔子对《诗经》作用的认识与其他语录是否一致？请说出你的理由。如果用四字词语概括这则语录，它反映出孔子怎样的学习观？

第七节 中庸是"和稀泥"吗？

 名著与生活

图 2-22 孔子说"中庸"

生活如同一幅绚丽的画卷，交织着喜怒哀乐，起伏跌宕。在这无常的旅途中，人们常常寻求一种指引，一种在复杂纷繁中找到平衡，在喧嚣中保持宁静的方式。"中庸"（见图 2-22）被儒家奉为至高的道德准则，它提供了一条通向和谐人生的道路。

 思考与联想

你知道古人是怎么践行中庸之道的吗？在现代社会，保持"中庸"是否还有意义？古代的儒家又是怎样阐释中庸之道（见图 2-23）的呢？

老师，不支持，不反对，算中庸吗？

图 2-23 师生讨论"中庸"的话题

"中庸"最早见于《论语》。孔子说："中庸之为德也，其至矣乎！民鲜久矣。""中庸"一词，由"中"和"庸"组成。这里的"中"既不是表示空间的名词重心、核心，也不是表示行为动作的动词命中，也不完全是表示时间含义的形容词适时，而主要是表征人的行为质量的形容词，即中正、正确、得当。这是"中庸"之"中"的本义，也是上古尚中思想的原义。"庸"据东汉郑玄、三国何晏解，应为"常道"，即对待自然、社会、人生的准则。"中"与"庸"合用表示"中庸"，其含义为：正确得当是人认识和处理问题的根本要求。因此"中庸"绝不是"和稀泥"。

一、中庸的核心：和谐

中庸强调在处理问题时要找到正确的点，以确保事物之间的平衡和协调。和谐标志着事物间的稳定关系，但中庸是一种实现和谐的思想方法。

为了保证处理问题的正确性，中庸需要研究事物的关系。事物要达到和谐，它的各部分、各方面之间就必须保持一种确定的关系，这种关系就规定了它们各自所应有的"度"。和谐本身就是对失和、失衡、失序、失度等不良状态和错误倾向的否定，表明和谐具有对正确性进行追求的本性。此外，各种相异的要素之所以能够相"和"，并不是盲目的、混乱无序的拼凑与混合，也不是无原则的调和与苟合，而必须以某种正确性为其内在的标准，中庸所要达到的正确性则提供了这种客观的标准和恰当的方法，使事物的各个部分和各个方面都能达到"中"的状态，都能在"度"的规范下健康地运动和发展，从而才能使事物实现总体上的和谐。总之，"和"作为关系结构体现事物的表层状态，"中"作为理性精神内藏于事物深层之中。"和"是"中"的目标和结果，"中"是"和"的前提、灵魂和保证。无"中"便无"和"，求"和"需要"中"，"中"与"和"是相互联系、相互依存的，和谐便是"中"与"和"有机结合的统一体。所以，儒家讲和谐必讲中庸，"中也者，天下之大本也；和也者，天下之达道也"。

总体而言，中庸是一种以和谐为核心，以适度和平衡为标志，最终实现内外和谐关系的思想。

二、中庸的基本要求：恰到好处

中庸并非指折衷主义或平庸，而是一种哲学理念，主张在处理问题时平衡各种因素，找到最佳的解决方案。这种平衡点不是随意的，而是需要综合考虑各种因素，如道德、情感、理智等，并在此基础上做出适当的决策。恰到好处的中庸要求既不过分激进，也不过分保守，是一种追求平衡、公正和道德的生活方式。同时，中庸也强调在处理问题时需要真诚地面对自己的感受和信念，遵守道德原则，避免出于个人利益或偏见而做出不公正的决策。因此，恰到好处的中庸是一种高尚的道德境界，也是我们在日常生活中应该追求的一种生活态度。

三、中庸的实践：博学审问，慎思笃行

中庸实践的全面性体现在"博学之，审问之，慎思之，明辨之，笃行之"的整体性要求之中。"博学之"是广博地学习，"审问之"是深刻地思考，"慎思之"是谨慎地追问，"明辨之"是对事物的功过、得失、进退有明晰的了解。学、问、明、辨都是知识论，都是求知的方式。笃，坚定不移地、踏踏实实地；行，就是实践。"笃行之"就是把学来的、审问的、慎思的、明辨的真知灼见，都置于天下的实践中。只有在知行合一中，人才可以把自己的所知推广至世人，才可以使自己独善的东西兼善天下。

君子重视知行合一。"博学之，审问之，慎思之，明辨之"都属于知识论，只有笃行才可以把自己的知识转变为实践。孔子说："君子耻其言而过其行。"（《论语·宪问》）君子应该言行一致、表里如一。真正的中庸之道就是日常生活中的一种平淡、一种优雅，甚至一种沉默寡言的形象。在这个意义上，"子不语怪，力，乱，神"（《论语·述而》）。那些很怪的、残暴的、混乱的、神乎其神的东西，他都不谈。孔子专注的事情是人间的事情，如人和人之间的平等、生命之中的朴素的人我交往。真正的君子应泯灭是非之心、名利之心、夸张之心以及过

分作秀之心，而回归平常心，不争不斗，不喜不厌，无生无死之忧，不知老之将至，这才是孔子要坚守的中庸之道，才是君子应该达到的境界。

舜帝秉持中庸之道

舜帝是中国古代一位圣明的君主，他是践行中庸之道的典范。

舜帝在位期间，他秉持中庸之道，以公正的态度治理国家，深受百姓的爱戴。

舜帝在继承帝位之前经历了种种考验和磨砺。他的父亲瞽叟和继母对他非常不公正，经常陷害他，但舜帝始终保持着内心的平和与真诚。他不仅对父母尽孝，还尽力去感化他们，最终使父母改变了对他的态度。这种真诚和包容的态度，正是中庸之道所倡导的。

在治理国家方面，舜帝也展现出了中庸的智慧。他注重选拔贤能之士，倾听各方意见，平衡各方利益，使国家得以安定和繁荣。他遵循天道，顺应自然，不过度干预，也不过于放任，使社会和谐有序。

中庸的基本要求是恰到好处，强调在行为和思维中追求适度和平衡。现代人践行中庸之道对我们应对当下快节奏的生活，缓解压力，无疑具有重要意义。我们现在可以从以下具体的形而下的方面做起，慢慢实践中庸之道。

平衡工作与生活：在职业和个人生活之间寻找平衡是现代人常常面临的挑战。追求中庸，需要合理规划工作时间，确保有足够的休息和娱乐时间。不过分追求事业的成功，也不忽视个人生活的重要性。

管理情绪：中庸提倡在情感表达中保持适度，既不过于激动也不过于冷静。现代人面临各种压力和挑战，要学会有效管理情绪，以保持内在的平衡和稳定。

处理人际关系：中庸强调在人际交往中要保持适度的疏离和亲近。在现代社会中，人际关系复杂多样，我们要学会妥善处理与他人的关系，既不过于疏离也不过于依赖，保持适度的亲密度。

适度的自律：中庸鼓励适度的自律，即避免过度的纵容和过度的苛刻。现代人在追求个人发展的同时，需要建立适当的自律机制，既不沉溺于过度的自由，也不被过度的束缚困扰。

追求知识与智慧：中庸提倡追求恰到好处的知识和智慧。现代社会信息爆炸，我们要选择有益的知识，不盲目追求过多信息，注重对知识的深度理解和应用。

关注健康：中庸强调身体与心灵的平衡。现代人应当注重保持良好的生活习惯，包括适度的运动、均衡的饮食和足够的休息，以促进身体和心理的健康。

总体而言，现代人要做到中庸，需要在各个方面追求适度和平衡，注重合理的规划和自我管理。这样能够更好地适应快速变化的社会环境，提升生活质量，实现全面发展。

> 子贡问："师与商也孰贤？"子曰："师也过，商也不及。"曰："然则师愈与？"子曰："过犹不及。"（《论语·先进》）
>
> 子曰："质胜文则野，文胜质则史。文质彬彬，然后君子。"（《论语·雍也》）

两则语录反映了孔子怎样的思想？请联系《论语》中的相关章句及生活实际简要分析。

第三章

《论语》里的君子修养

　　本章就像一张藏宝图，将带领我们深入了解孔子的言论，特别是他强调的"少说多做"的道理。通过《论语》这把钥匙，我们能发现孔子对言行一致、信守承诺、见义勇为的重视，以及他对如何在各种情况下做出正确选择的独到见解。

　　此外，我们还能回到古代，看看孔子是如何评价管仲的，我们也能从中学到一些识人的小技巧，而且，这不仅仅是古代的智慧，更是现代人为人处世的技巧。

　　本章通过一系列有趣的历史故事和现实生活中的例子，鼓励我们不仅要学习孔子的思想，更要把它们用在成为更好的自己和构建更和谐的社会方面。所以，让我们一起来挖掘这份宝藏，用古人的智慧来升级我们的思考方式和言行准则吧！

第一节　孔子喜欢夸夸其谈的人吗？

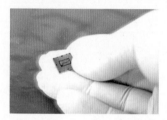

名著与生活

近年来，芯片（见图3-1）领域竞争越发激烈。华为公司持续发力进行自主创新研发，其推出的麒麟芯片是业界领先的智能手机芯片。另外，华为还推出自研鸿蒙操作系统的智能设备，而且在5G通信、AI智能化以及跨设备协同方面有所创新。例如，华为的智能手机、平板电脑或笔记本电脑等会集成更先进的芯片技术。同时，华为可能会在物联网、智能穿戴设备或智能家居产品上进行创新，以提升用户体验。

图3-1　芯片

华为作为电信领域的领头羊，靠的是夸夸其谈或网络炒作吗？

谈到华为的成功，华为原副总裁刘南杰先生说："外界看到的都是华为的华丽转身，看到的是其一次一次取得新的进展、新的突破。但是华为那些核心的、真正参与建设事业的人员，都是伤痕累累的。"华为没有豪言壮语，其辉煌的背后是鲜为人知的付出。

思考与联想

当下人们的交往越来越频繁，渠道越来越多，速度越来越快。在这个利己主义盛行的时代，我们需要学习如何做到头脑清醒，站稳脚跟；如何找到自己事业上的合作伙伴、生活上的亲密朋友；如何在迎来送往中识别谁才有真才实学；如何看出谁是真朋友。对此你有没有思考过？下面我们不妨在孔子那里汲取智慧，远离华而不实、夸夸其谈者，真正做到有自知之明。

说到夸夸其谈，我们先看孔子的"言论"。

> 宰予昼寝。子曰："朽木不可雕也，粪土之墙不可圬也，于予与何诛？"子曰："始吾于人也，听其言而信其行；今吾于人也，听其言而观其行。于予与改是。"（《论语·公冶长》）

宰予白天在睡觉，孔子说："腐烂的木头不可以雕刻，用脏土垒砌的墙面不堪涂抹！对于宰予这样的人，还有什么好责备的呢？"又说："起初我对于人，听了他说的话就相信他的行为；现在我对于人，听了他说的话却还要观察他的行为。这是由于宰予的事而改变的。"

> 孔子曰："侍于君子有三愆：言未及之而言谓之躁，言及之而不言谓之隐，未见颜色而言谓之瞽。"（《论语·季氏》）

孔子说，"侍奉君子容易有三种过失：没有轮到他发言而发言，叫作急躁；到该说话时却不说话，叫作隐瞒；不看君子的脸色而贸然说话，叫作盲目。"

此章孔子谈的是与君子交往中的言谈问题。说话是一门艺术，这里孔子给了我们一些有益的指导：说话应择时择人，见机而言。

> 子张学干禄。子曰："多闻阙疑，慎言其余，则寡尤；多见阙殆，慎行其余，则寡悔。言寡尤，行寡悔，禄在其中矣。"（《论语·为政》）

子张问如何求官。先生说："多听别人说话，把你觉得可疑的放在一旁，有把握的，也要谨慎地说，就能减少过错。多看别人行事，把你觉得不安的放在一旁，其余的也要谨慎行事，就能减少悔过。说话少过失，行事少后悔，谋求仕禄之道，就在这里面了。"

孔子说得很明白，在官场里要慎言。夸夸其谈、口若悬河是官场大忌。

> 子贡问君子。子曰："先行其言，而后从之。"（《论语·为政》）

子贡问怎样才能做一个君子。孔子说："对于你要说的话，先实行了，然后说出来。"

君子应先做后说，说得再好而不付诸行动就是本末倒置，荀子对言行次序做过总结，"口能言之，身能行之，国宝也"。也就是说，只有能干能说的人，才是国家的栋梁之材。

子曰："巧言乱德。"（《论语·卫灵公》）

孔子说："花言巧语会败坏道德。"

"巧言"，即花言巧语、甜言蜜语，也包括那些让人一听就觉得高深莫测的所谓"专家"之语，如果听的人不加辨别而接受了，就会败坏自己的道德。

子曰："巧言、令色、足恭，左丘明耻之，丘亦耻之。"（《论语·公冶长》）

孔子说："花言巧语，一副讨好人的脸色，十分谦卑恭敬的样子，左丘明认为可耻，我也认为可耻。"

巧言，就是花言巧语；令色，脸上永远挂着微笑；足恭，见谁都是十足的恭顺，孔子认为这样的人是可耻的。

子曰："巧言令色，鲜矣仁。"（《论语·学而》）

孔子说："花言巧语，满脸谄媚之色的人（见图3-2），很少会有仁爱之心！"

孔子一是劝诫人们警惕"巧言令色"的人，二是提醒那些想"求仁"的人，不要以为待人接物时处处和颜悦色，一心要让对方开心就是"仁"。

那么应该怎么说话，怎么做事呢？

子曰："君子欲讷于言，而敏于行。"（《论语·里仁》）

图3-2 巧言令色

孔子说："君子说话应该谨慎，而行动要

敏捷。"

此语言简意赅，说清了为人处世的玄机，即少说话多做事。"讷于言"有两层含义，首先是提醒我们少说话。其次是要求我们少说空话和大话，口若悬河、滔滔不绝、夸夸其谈是为人处世的大忌。"敏于行"，说到做到，行动迅速。

> 君子耻其言而过其行。（《论语·宪问》）

君子认为说得多做得少是可耻的。

君子要坦荡荡，言行一致，表里如一。言过其实、夸夸其谈是一种耻辱。

> 子曰："予欲无言。"子贡曰："子如不言，则小子何述焉？"子曰："天何言哉？四时行焉，百物生焉，天何言哉？"（《论语·阳货》）

孔子说："我想不说话了。"子贡说："夫子如果不讲话了，那么我们这些学生该传述什么呢？"孔子说："天何尝说话呢？四季照常运行，百物照样生长。天说了什么呢？"

天不言自高，地不言自厚，天地承载了万物却不言，谁又会不承认天地之伟大？

对虚伪矫情的"巧言"和夸夸其谈的"利口"，孔子不仅斥之为"鲜矣仁"，还抨击它"巧言乱德"，甚至还指斥它有祸国殃民的极大危害。"恶利口之覆邦家者。"（《论语·阳货》）他极度痛恨那些靠夸夸其谈谋取私利、祸乱国家的人。孔子喜欢和倡导朴素、本色的言说。"辞达而已矣。"（《论语·卫灵公》）所谓"辞达而已"，即质朴地说话，不虚夸、不矫饰、不造作。有一次有人谈论孔子的学生冉雍，说他有仁德，可惜短于口才，即"雍也，仁而不佞"。文中的"佞"字，即工言辞、善表达的意思。孔子一听，立即反驳说："焉用佞？御人以口给，屡憎于人。不知其仁，焉用佞？"（《论语·公冶长》）孔子认为仁德比能说会道重要得多。孔子还喜欢严谨、慎重的言辞。"君子名之必可言也，言之必可行也。君子于其言，无所苟而已矣。"（《论语·子路》）文中的"无所苟"，也就是说话要有依据，不能捕风捉影，道听途说。

综合以上孔子的言论我们可以看出，孔子是讨厌夸夸其谈的，他欣赏的是"讷于言，而敏于行"，即少说多做。

 拓展与延伸

我们再来比较一下孔子和老子关于"讷言"的观点。

无论是孔子还是老子都提到了"讷言"这两个字。孔子说："君子欲讷于言，而敏于行。"老子则曰："大辩若讷。"讷言，就是要谨言慎言，不能信口开河，口若悬河。孔子和老子所讲的"讷言"，虽只有两个字，却凝聚了圣人对社会人生百态的深度思考和洞察。

老子在《道德经》第五十六章中提到："知者不言，言者不知。"[1]这句话表明，真正拥有智慧的人往往不多说话，而那些多言的人往往缺乏真正的智慧。老子认为，智者通过行动而非言语表达自己，通过"塞其兑，闭其门"避免外界的干扰，通过"挫其锐，解其分"消解纷争，通过"和其光，同其尘"达到与世无争的境界。老子的讷言强调的是内在修养和顺应自然，通过少言达到内心的平和与智慧。

孔子在《论语》中提到"君子欲讷于言，而敏于行"。孔子的讷言不仅指言语的谨慎，更包含了行动的敏捷性和有效性，他认为一个人的价值和品德更多地体现在其行为而非其言辞上。

所以，老子的讷言更侧重于内在的修养和智慧，而孔子的讷言则侧重于言行一致和行动的重要性。两位思想家的教导都强调了言语的慎重性和行动的积极性，体现了他们对于个人品德和社会行为的深刻理解。

从《易经·系辞》"吉人之辞寡，躁人之辞多"，到《论语》"敏于事而慎于言"，到《道德经》"大辩若讷"，再到今天的"空谈误国，实干兴邦"，无论是儒家之言，还是道家之辩，抑或当代之思，讷言敏行的道理历经千年，颠扑不破。

 迁移与小试

下面是一些关于"敏行"的句子，希望大家多多诵读，并践行讷言敏行的实干精神：

---

① 陈鼓应. 老子今注今译 [M]. 北京：中华书局，2020：259.

（1）实干是青春最亮丽的底色，奋斗是青年最有效的磨砺。

（2）实干如同园丁的锄头，砸向大地就能花香袭人；实干也似农人的犁铧，深入泥土就有春华秋实。

（3）为者常成，行者常至，历史不会辜负实干者。

（4）大道至简，实干为要。新征程是充满光荣和梦想的远征，没有捷径，唯有实干。

（5）一切难题，只有在实干中才能破解；一切机遇，只有在实干中才能把握；一切愿景，只有在实干中才能实现。

（6）实干是最质朴的方法论，也是成就事业的必由之路。

请思考我们应该怎么评价世界大学生辩论赛上辩手们的精彩表现？一个人卓越的口才和夸夸其谈有什么区别？

第二节　怎样才算守"信"呢？

阳光晴好，春意浓浓，花木之乡、"中国花谷"江苏省沭阳县又迎来了苗木销售的旺季，花农们忙着直播、接单、打包、发货，把美丽的花木（见图3-3）销往全国各地。来自沭阳相关部门的一份统计显示，沭阳花木直播销售额占全国的三分之一，平均每秒就有19件快递从沭阳发往世界各地。但与别处所发快递不同的是，从沭阳发出的花木快递上贴着一个特殊的"诚信

图3-3　沭阳花卉

标签"：顾客如发现不诚信行为，可以随时扫码投诉。三年多来，沭阳花木经营者贴出的"诚信标签"已达6.3亿张。

村支书李彦春说，村里订立了 10 条诚信经营的村规民约，电商全部签订了诚信经营承诺书。据统计，沭阳有花木从业人员 30 余万，拥有各类活跃网商 5 万余家，"诚信标签"支撑着沭阳年销售 300 亿元的苗木产业。

 思考与联想

守信彰显着我们当代人行走于世上的生命温度。

在百年未有之大变局到来时，青少年怎样面对、怎样安放"守信"这一生命的砝码呢？我们怎样做一个守信的人呢？

我们一起去《论语》里寻找答案。

 究底与寻根

《论语》中"信"出现了 38 次，"诚"出现了两次。杨伯峻在《论语译注》[1]中指出"信"有四义：①诚实不欺（24 次）。②相信，认为可靠（11 次）。③使相信，使信任（1 次）。④形容词或者副词，真，诚（2 次）。《说文解字》对"信"的解释：信，诚也，从人从言，会意。诚，信也。人，天地之性最贵者也。言，直言曰言。从《说文解字》看，"信""诚"的意思是一样的。可以说"信"的本意就是"语言诚实"，而语言诚实又是人的可贵品德之一。据此可见，我们平时所讲的"信"就是具有"诚实"意义的"信"。在《论语》中，"诚"和"信"的意义稍有区别，"诚"是在"真"的哲学意义上存在的，其"诚信"的含义是在其后《孟子》等著作中得到确立的。

《论语》中的"信"体现在哪些方面？孔子又是怎样教人们守"信"的呢？

首先是《论语》中的交往之信。在《论语》中，孔子及弟子都以诚信为交友的原则，忠实地践行诚信之德。"吾日三省吾身：为人谋而不忠乎？与朋友交

① 杨伯峻. 论语译注 [M]. 北京：中华书局，2009：254.

而不信乎？传不习乎？"（《论语·学而》）孔子的弟子曾子忠信于人，勤勉于己，通过尽心尽力地为朋友做事来结交诚信之友。"弟子入则孝，出则弟（tì），谨而信，泛爱众，而亲仁。"（《论语·学而》）孔子说："年轻人在父母身边要孝顺，在外要敬爱师长，说话要谨慎，言而有信，和所有人都友爱相处，亲近那些具有仁爱之心的人。做到这些以后，如果还有剩余的精力，就用来学习文化知识。""谨而信"，谨慎是一种修养，谨慎的人不会轻易地对他人做出许诺。他们一旦答应了别人的要求，就会尽心竭力地达成别人的愿望，做到言而有信。"狂而不直，侗而不愿，悾悾而不信，吾不知之矣。"（《论语·泰伯》）意思是狂妄而不直率，幼稚而不老实，看上去诚恳而不讲信用，我无法理解这种人。

其次是《论语》中的君子之信。孔子认为，君子人格是修身的最高境界，而诚信是成就君子人格的内在要求，其可以作为衡量君子的标准。

"君子义以为质，礼以行之，孙（xùn）以出之，信以成之。君子哉！"（《论语·卫灵公》）孔子说："君子把义作为本，依照礼来实行，用谦逊的言语来表述，用诚信的态度来完成它。这样做才是君子啊！"孔子主张君子要以诚实的态度做事。"人而无信，不知其可也。大车无輗（ní），小车无軏（yuè），其何以行之哉？"（《论语·为政》）诚信犹如车的輗軏，失去了輗軏的车怎么走？

子张问行。子曰："言忠信，行笃敬，虽蛮貊（mò）之邦行矣。言不忠信，行不笃敬，虽州里行乎哉？立，则见其参于前也；在舆，则见其倚于衡也。夫然后行。"子张书诸绅。（《论语·卫灵公》）子张向孔先生请教闯荡江湖的方法：我们在社会上该如何树立自己的形象，行为又该如何表现？孔子说"言忠信"——在说话上要讲"忠"与"信"。面对责任要"忠"，对待别人要有"信"。行为应"行笃敬"，踏踏实实，专心敬业，这样，"虽蛮貊之邦行矣"，即使到了偏远地区，事业也能顺利。"言不忠信，行不笃敬，虽州里行乎哉？"如果说话不着边际，做事不讲诚信，这样的人即使在繁华都市，事业也不能顺利。"立，则见其参于前也；在舆，则见其倚于衡也。"也就是说，我们要把做人的六字原则"言忠信，行笃敬"时刻铭记于心。站着，就好像看见这六个字直立在面前，警醒自己。如果有了这样的功夫，"夫然后行"，就可以放心做事了。

最后是《论语》中的治国理政之信。子贡向孔子请教治理国家的方法，孔子给出三条建议："足食，足兵，民信之矣。"即粮食充足，军备充足，民众信任朝廷。子贡说："如果迫不得已要去掉一项，三项中先去掉哪一项呢？"孔子说："去掉军备。"子贡说："如果迫不得已，要在剩下的两项中去掉一项，先去掉哪一项呢？"孔子说："去掉粮食。"他强调治国理政的核心就是民信。孔子认为："自古皆有死，民无信不立。"一个国家不能得到老百姓的信任就会垮掉。一个国家要想立足，在任何时刻都必须取信于民。

 拓展与延伸

不只是孔子重视诚信，其他仁人志士也都重视诚信。其他人对诚信持有什么观点呢？

"轻诺必寡信。"（《老子》）那些轻易承诺别人的人，肯定不讲信用。所以在生活中如果遇到这样的人，要避免与其来往。

"言无常信，行无常贞，唯利所在，无所不倾，若是则可谓小人矣。"（《荀子·不苟》）说话不讲信用，行事没有原则，眼里只有利益，只要有利可图就无所不为，这样的人就是人们所说的小人。

"小信成则大信立，故明主积于信。赏罚不信，则禁令不行。"（《韩非子·外储说左上》）在小事上能够讲信用，在大事上就能够讲信用，所以明智的君主要在遵守信用上逐步积累声望。如果赏罚不讲信用，禁令就无法推行了。其实不只君主需要在信用上积累声望，普通人也需要。

"道者，道之本也，仁者，德之出也，义者，德之理也，忠者，德之厚也，信者，德之固也。"（贾谊《新书·卷八·道德说》）道是道德的根本，仁爱使内在的道德展现出来，正义是道德的标准，忠诚使道德变得更加深厚，诚信使道德修养保持不变。

"信犹五行之土，无定位，无成名，而水金木无不待是以生者。"（朱熹）诚信就像是五行之中的土一样，没有浮华的地位，没有显赫的威名，然而五行之中的水、金、木等元素没有不依赖土而存在的。朱熹的意思就是人生在世赖以立足的一切都依赖于诚信，诚信不立，人也难立足。

那么，是不是说出的所有话，做出的所有承诺都要兑现呢？是不是只要不兑现就是小人呢？我们来看看孔子下面的话。

"言必信，行必果，硁（kēng）硁然小人哉！"信守承诺，不问是非地固执己见，这是固执的小人行为。这里的"小人"指格局小、见识浅，不足以达到士或君子的境界的人，也称细人。孔子竟然一反常态，反对"言必信，行必果"，还把这样的人看成小人，为什么呢？我们来看看下面这个故事。

孔子一行周游列国，刚突围出匡地来到蒲地，就又被人围住了。原来蒲地一个贵族反叛了卫灵公，害怕孔子去报信，要把他们师徒都抓起来。这时，公良孺带人同叛军打了起来。双方势均力敌，僵持不下，最后谈判，蒲人要求孔子承诺不回卫国，孔子答应了，才得以脱身。一离开，孔子就带领众弟子赶忙向卫国国都前进。子贡不解："签订的盟约能违背吗？""这是被迫签订的条约，连神都不会相信的。"孔子说。言下之意是，所谓的外交辞令都是一些骗人的鬼话。

由此可见，孔子是个相当灵活的人，他身上既有"知其不可为而为之"的决绝，又有"无可无不可"的灵活，他绝不会死守教条，而置自己于险地，所以君子要学会变通。到了亚圣孟子那里，就发展出了"大人者，言不必信，行不必果，惟义所在"的观点。真正通达的人不必言出必行，只要合乎道义就行。权变，做人的原则不变，这是两位圣人相同的地方。

北宋词人晏殊素以诚实著称。他十四岁时，皇帝召见了他，并要他与一千多名考生同时参加进士考试。结果晏殊发现考题是自己十天前刚写过的，就如实向真宗报告，请求改换其他题目。宋真宗非常赞赏晏殊的诚实品质，便赐给他"同进士出身"。晏殊在文馆当职时，正值天下太平，皇帝允许京城的大小官员找地方宴饮，因此，京城官员便经常到郊外游玩，或在城内酒馆开怀畅饮。

但晏殊囊空如洗，无法参与这些活动，只好在家里和兄弟们读书、写文章。有一天，真宗提升晏殊为辅佐太子读书的东宫官。大臣们惊讶异常，不明白真宗为何做出这样的决定。真宗说："你们经常在大小酒馆吃吃喝喝，只有晏殊踏实地闭门读书，如此自重谨慎的好青年，正是东宫官合适的人选。"出乎真宗意料的是，晏殊谢恩后说："官家，我其实也是个喜欢游玩饮宴的人，只是囊中羞涩罢了。"这两件事，使晏殊的信用等级在群臣那里登上了"榜首"，而宋真宗也更加信任他了。仁宗登位后，晏殊官至宰相。

考验各位一下：

如果你是晏殊，在参加皇帝监考的公务员考试时，发现发到手的考卷和你昨天刚做过的模拟卷一模一样，你会不会向考官实话实说？为什么？

第三节 什么样的"义"让你感动？

名著与生活

什么样的义举会让国人感动？我们一起来读一个故事。

"只为风雪之夜一次生死相托，你守住誓言，为我们守住心灵的最后阵地。洒一碗酒，那碗里是岁月峥嵘；敬一个礼，那是士兵最真的情义。雪下了又融，草黄了又青，你种在山顶的松，岿然不动。"

因修筑新疆天山独库公路（见图3-4），施工部队被暴风雪围困，班长郑林书奉命带领陈俊贵等3名战士向驻守在山下的部队送信。

图 3-4 独库公路

海拔3000多米的山上高寒缺氧，班长带着他们一起在零下20摄氏度的雪地里爬了三天三夜后，精疲力竭，生死关头，班长把最后一个救命的馒头给了当时年仅21岁的陈俊贵："你年轻，坚持住，如果有机会，请你到我老家看望一下我父母。"牺牲时，班长年仅24岁。

班长的临终嘱托像一座大山沉甸甸地压在陈俊贵心头，但他不知道班长的家庭地址和其父母的姓名，在多方打听无果的情况下，陈俊贵辞掉老家稳定的工作，带着妻子和刚刚出生的儿子陈小弘回到了班长和战友牺牲的新疆天山脚下，住在离班长最近的一个山坡上。他们简单地盖了3间房，开垦了20多亩荒地，当起了农民，为战友守墓至今。

陈俊贵因恪守大义的可贵精神入选感动中国十大人物。每逢春暖花开之际，独库公路开放的信息总能登上各社交媒体平台的热榜。

有人见利忘义，有人舍生取义；有人卖国、卖友求荣，有人见义勇为。而孟子说："生，亦我所欲也，义，亦我所欲也，二者不可得兼，舍生而取义者也。"

孔子对于"义"也有自己明确的判断，他的观点影响了中国两千多年。两千多年前的孔子是怎么看待"义"的呢？我们又该如何去践行"义"呢？让我们穿越两千多年的时光隧道，走进孔子的课堂，听听他老人家对"义"的诠释。

究底与寻根

"义"的甲骨文写法，上面是"羊（祥）"，即祭祀占卜显示的吉兆。下面是"我"，即有利齿的兵器戌，代表征战。"义"的本意是吉兆之战，即神灵护佑的仁道之战。

"义"在《说文解字》中作"谊"，意思是"人所宜也"。①《中庸》也说"义者宜也"。《礼记》说"义者，天下之制也"。古代基本是把"义"解释为"宜也"。"宜"是应该、适度的意思，后又引申为"理"，即合理、公理的意思，大致相当于今天人们应该遵循的大义、正义。

---

① 许慎. 说文解字（大字本）[M]. 北京：中华书局，2013：47.

　　《论语》中普通人的"义"是怎样的呢？"见义不为，无勇也。"（《论语·为政》）见到应该挺身而出的事情却袖手旁观，就是怯懦。见义勇为，是站在了大义一边。但是，近些年来因为一些人道德沦丧，为利忘义，扶人者屡屡被讹，见义勇为者遭受漠视，导致了人们见义不为，甚至望义却步。这不是个人的问题，而是社会的悲哀。好在人们及时觉醒，法律向"义"伸出援手，讹诈者被钉上了耻辱柱，正义再次被"扶"了起来。

　　君子的"义"是怎样的呢？我们看看孔子具体是怎么说的。子路曰："君子尚勇乎？"子曰："君子义以为上。君子有勇而无义为乱，小人有勇而无义为盗。"（《论语·阳货》）子路问老师："君子崇尚勇敢吗？"孔子说："君子以义为最高尚的品德。君子有勇无义就会作乱，小人有勇无义就会去做盗贼。"在孔子的学说中，"勇"被视为人生三大德之一，在这段话中，孔子重点强调了勇的前提是要受到义的约束，没有义的约束，勇可能会成为乱的根源。孔子还说："勇而无礼则乱。""好勇不好学，其蔽也乱。"礼、学都排在勇之前。也就是说，只有在重重约束之下，勇才能发挥应有的作用，而不至于生乱。荀子也曾论过"勇"，他说的比孔子更加尖锐，在《荣辱》篇中他将勇分为狗彘之勇、贾盗之勇、小人之勇、士君子之勇四个等次："争饮食，无廉耻，不知是非，不辟死伤，不畏众强，牟牟然惟利饮食之见，是狗彘之勇也。为事利，争货财，无辞让，果敢而振，猛贪而戾，牟牟然惟利之见，是贾盗之勇也。轻死而暴，是小人之勇也。义之所在，不倾于权，不顾其利，举国而与之不为改视，重死持义而不桡，是士君子之勇也。"彘就是猪。其为抢一口食，不避死伤，也不顾长幼、礼法、兄弟姐妹。"贾盗"就是奸商。奸商做事只图利。"小人之勇"就是不在乎死亡而行为暴虐。"士君子之勇"是大智大勇，为正义事业不屈不挠。

　　君子如何遵循并践行"义"呢？子曰："君子义以为质，礼以行之，孙（xùn）以出之，信以成之。君子哉！"（《论语·卫灵公》）孔子提出了君子的四条行为准则：以道义为修身的根本，并以礼为载体来运行，通过谦逊来表达，通过诚信来圆满地完成。义、礼、逊、信是君子的四种特质。本章是紧承上一章来的："群居终日，言不及义，好行小慧，难矣哉！"孔子说："整天聚在一起，言语都和义不相关，喜欢卖弄小聪明，这种人很难教导。"

　　孔子认为，为政者治理百姓也应该从"义"的角度出发，实现"仁"政。

"子谓子产，'有君子之道四焉：其行己也恭，其事上也敬，其养民也惠，其使民也义。'"（《论语·公冶长》）孔夫子说子产作为君子有四种德行：一是"行己也恭"，行事谦逊，自我修养很好；二是"事上也敬"，尊敬君主，这里既有发自内心的忠诚，也有办事认真负责的意思；三是"养民也惠"，作为宰相致力于改善民生，解决老百姓的吃穿住用等现实问题，广施恩惠；四是"使民也义"。义，宜也。在需要百姓的时候合时宜、有节制，不劳民。子产，春秋时期著名的政治家、思想家，堪称执政者的楷模。他在担任郑国宰相时，推动郑国走入中兴。他非常廉洁，死后甚至没钱安葬。百姓捐款，他的儿子分文不受。孔夫子听说子产去世，含泪说道："古之遗爱也。"

　　义和利是不是非此即彼、水火不容呢？义和利能否兼得？孔子有什么义利观呢？

　　义利观是一面照"妖"镜，小人会在义和利的取舍面前显形。子曰："君子喻于义，小人喻于利。"（《论语·里仁》）孔子说："君子懂得大义，小人只懂得小利。"小人追求个人利益，而君子也会追求个人利益，但其会先考虑所得是否合于义。这句话从对待义和利的态度上区分了君子和小人，对中国人的义利观影响深远。

　　"饭疏食饮水，曲肱而枕之，乐亦在其中矣。""不义而富且贵，于我如浮云。"（《论语·述而》）"富""贵"在这里就是"利"。"吃粗粮，喝白水，弯着胳膊当枕头，乐趣也就在其中了。""用不正当的手段得来的富贵，对于我来讲就像是天上的浮云一样。"君子宁肯过苦日子，也不做伤天害理、忘恩负义、背信弃义的事情。子曰："富与贵，是人之所欲也，不以其道得之，不处也；贫与贱，是人之所恶也，不以其道得之，不去也。君子去仁，恶乎成名？君子无终食之间违仁，造次必于是，颠沛必于是。"（《论语·里仁》）孔子说："富裕和显贵是人人都想要得到的，但不用正当的方法得到它，就不能去享受；贫穷与低贱是人人都厌恶的，但不用正当的方法去摆脱它，宁可不摆脱。君子如果离开了仁德，又怎么能叫君子呢？君子没有一顿饭的时间是背离仁德的，就是在最紧迫的时刻也必须依循仁德的准则，就是在颠沛流离的时候，也一定会如此。"按照"义"的原则做利益取舍，在孔子看来已经接近"仁"了。

孔子并不像很多人所认为的只满足于安贫乐道，相反，孔子对合"义"的钱是很喜欢的。"富与贵，是人之所欲也。"他从人本性的角度对人的趋利心理做了肯定。其次孔子鼓励对合理利益的追求。他曾以自己为例来说明："富而可求也，虽执鞭之士，吾亦为之。如不可求，从吾所好。"孔子说："富贵合乎道义就去求取，即便是给人拿着鞭子开道这样的差事，我也愿意。如果不合道义就不可求取，那就按照我的爱好去做吧。"（《论语·述而》）由此可见，孔子毫不避讳自己对利益的追求。

 迁移与小试

目前，全国许多省市出台了见义勇为奖励办法，《中华人民共和国民法典》制定了对见义勇为者的保护条款，这都体现了社会对见义勇为行为的倡导（见图 3-5）。

立法保护"见义勇为"

图 3-5　立法保护见义勇为

但是，社会上因为救人而自己丢掉性命的事情也经常见诸报端。所以有人说，见义勇为要量力而行，要见义"智"为，这样就可以避免不必要的牺牲。《中小学生日常行为规范》在"见义勇为，敢于斗争"后面增加了"发现违法犯罪行为及时报告"的内容，避免了青少年学生见义勇为的盲目性。也有人说，当有人落水或被侵害，生命危在旦夕时，就没有时间前思后想了。

对于上述现象，你有什么想法？如果你就在需要见义勇为的现场，你又没有见义勇为的能力，你会怎么做呢？

第四节　想去舞雩台上吹吹风吗？

　　"梨花风起正清明，游子寻春半出城。"清明节兼具自然与人文内涵，作为唯一以节气命名的节日，它不仅是人们享受春天乐趣、出门踏青的日子（见图3-6），也是慎终追远、纪念祖先的肃穆节日。人们探亲祭祖的需求让清明小长假出行热度更高。

图3-6　踏青

　　山东大学儒学高等研究院特聘教授杨朝明表示，清明祭祖是中国人和谐和睦的载体。中国古代礼仪繁多，但"礼有五经，莫重于祭"，祭祀之礼之所以重要，其实是为了"以祀礼教敬"，培养人们对祖先的敬畏之心，后代也会由此思考家族关系，这份爱与敬在仪式中得到强化。

　　清明当天，不少民众自发前往烈士陵园祭扫悼念，烈士墓前不仅摆满了鲜花，还有一份份来自家乡的"礼物"。一些地方开通了"网络祭扫平台"，方便民众线上留言，寄托哀思。随着文明祭扫观念不断深入人心，人们缅怀英烈、追思故人的方式越发多元，家庭追思、网络祭扫、鲜花祭祀、擦拭墓碑等现代文明祭祀方式逐渐普及，祭扫方式虽变，但不变的是清明蕴含的浓厚温情。

春色清和，思念悠然。人们在祭扫与踏青的仪式中抚今追昔，赓续传承，拥抱希望。

思考与联想

你还了解其他和春天有关的习俗吗？

我们都知道，立春为二十四节气之首。立，是"开始"之意；春，代表着温暖、生长。二十四节气最初是依据"斗转星移"制定的，当北斗七星的斗柄指向寅位时为立春。现行是依据太阳黄经度数确定节气，当太阳到达黄经315°时为立春，于每年公历2月3日至5日间交节。干支纪元，以寅月为春正、立春为岁首，立春乃万物起始、一切更生之义，意味着新的轮回。在传统观念中，立春有吉祥的含义。

图 3-7 咬春吃的春饼

立春的标志性习俗有很多，包括咬春（见图 3-7）、打春、春社等，这些传统习俗不仅让春天更有仪式感，也寄托了人们的美好愿景和对新一年的期盼。

你最喜欢的春天的习俗是什么？你知道孔子和他的学生喜欢的春日活动是什么吗？

究底与寻根

说到孔子与弟子喜欢的春日活动，就不得不讲一个故事。《论语》中记载，一天孔子与弟子言志，孔子问曾皙有何志向，他说："莫春者，春服既成。冠者五六人，童子六七人，浴乎沂，风乎舞雩，咏而归。"夫子喟然叹曰："吾与点也！"

"与"在这里是"赞成"的意思，也就是说，孔子与曾晳的理想是：暮春时节，春天的衣服已经穿上了。和几个成年人、几个孩童到沂水里游泳，在舞雩（yú）台上吹风，一路唱着歌回来。

舞雩台，又称舞雩坛，位于曲阜城南沂河之北，是一座高大的土台，原为周鲁国祭天求雨的祭坛。"雩"是古代求雨的一种祭礼。《周礼》有记："若国大旱，则帅巫而舞雩。"综合文献记载来看，舞雩台是孔子及其弟子经常游憩之所，也是历来士人游春的处所。周代鲁国故城内外的古台很多，现仅存舞雩台、望父台、斗鸡台三处，其中舞雩台是最高大的一处。

你是否会发问：为什么孔子与曾晳喜欢在春日里去舞雩台吹风呢？这与他们的志向有何关系？

在曾晳的社会理想中，"莫春"者，为和煦之时；"浴乎沂"者，是在沂之地方洗浴；"风乎舞雩"者，是乘凉于祭天祷雨之地，犹如吹吹风；"咏而归"，是其乐融融的样子，犹若唱着歌归来。

曾晳的理想抱负在于乐其日用之常和各得其所之妙，所以，孔子认可这种社会理想。这实际上是支持民众自给自足的田园生活和政治上休养生息的自由政策。从这种社会自由和自然生活的场景中，我们可以看到仁政和王道的价值。

什么情况下可以实现孔子和曾晳的理想呢？

在国家和社会中，只有当统治者体恤民情，适度征税，量入为出，了解民众的积蓄情况，才能形成这样自由的社会状态，即"得承所受于天地，而离于饥寒之患"。统治者只有自我节制，满足民众的需求，给予他们生产和生活的自由，才能实现这样的社会理想。孔子的理想是希望人们能够自给自足，和谐安乐地生活，这体现在"老者安之，朋友信之，少者怀之"的社会状态中。

如果一个国家和社会能够达到这样的理想状态，那就是达到了"大同"的境界。《礼记·礼运》中描述的"大道之行也，天下为公。选贤与能，讲信修睦，故人不独亲其亲，不独子其子，使老有所终，壮有所用，幼有所长，矜寡孤独废疾者，皆有所养"。这里的"天下为公"意味着视天下为一家，即构建人类命运共同体。在这样的社会中，人们不仅关心自己的亲人和孩子，而且将仁爱之心扩展到更广泛的范围。

民众自由和快乐的生活依赖于统治者的仁政。仁政的实施能够为社会带来自由。通过"选贤与能"，人们可以实现自己的抱负，通过"讲信修睦"，人们可以和谐相处，通过"使民以时"，君主可以减轻民众的负担，让他们享受"浴乎沂，风乎舞雩，咏而归"的快乐。

这种社会理想体现了王道政治的与民同乐的价值，展现了社会和谐和各得其所的景象。百姓的自然生活和自得其乐的社会场景反映了政治的开明和世道的清明。

这一价值观与西方的权利法案所倡导的天赋人权和自由有着本质的不同。它基于天下大同的社会理想，强调仁爱伦理的泛化和扩展，彰显了孔子对博大人格和博爱人性的追求。

那么你读完之后，是否想同孔子及其弟子一道去舞雩台吹吹风呢？

拓展与延伸

孔子思想博大精深，涵盖了个人修养、社会治理、政治理想等多个方面，下面我们可以将他各方面的理想简单列举一下。

一、个人修养方面

"君子无终食之间违仁。"（《论语·里仁》）这句话体现了孔子对君子品德修养的要求，即君子应时刻保持仁爱之心，不断提升和完善自我。

"士志于道，而耻恶衣恶食者，未足与议也。"（《论语·里仁》）孔子在这里强调士君子应追求更高的道德理想，而不是过分关注物质享受。

二、社会治理方面

"君君，臣臣，父父，子子。"（《论语·颜渊》）孔子在这里提出了社会各角色应遵守的规范，强调了社会秩序的重要性。

"己欲立而立人，己欲达而达人。"（《论语·雍也》）这句话体现了孔子的互惠互利思想，即在追求个人发展的同时要帮助他人成长和成功。

三、政治理想方面

"天下有道，则礼乐征伐自天子出；天下无道，则礼乐征伐自诸侯出……"（《论语·季氏》）孔子在这里描述了他理想的政治秩序，即所有的政治行为都应当遵循道德和礼的规范，由天子统一领导。

"克己复礼为仁。一日克己复礼，天下归仁焉。"（《论语·颜渊》）孔子认为通过自我约束和遵守礼节可以达到仁的境界，进而实现社会和谐。

这些话语不仅体现了孔子对于个人、社会和政治的理想追求，也反映了他对于道德修养和社会责任的深刻理解。孔子的思想对后世产生了深远的影响，并成为中华文化的重要组成部分。

迁移与小试

你参加过学校组织的研学活动（见图3-8）吗？

图3-8　同学们一起春游研学

春游自古以来便是一种不可或缺的教育方式。研学游是我国"读万卷书，行万里路"传统游学精神的继承和发展，是促进校内课堂和校外实践结合、全面实施素质教育的新方式，近年来越来越受到学校和家长的重视。

春季研学游不同于传统意义上的"春游"，学校要在教学中更重视"研学"。研学游让学生走出课堂和校园，以实践、体验的方式，助力提升学生的核心素养，对于学生德智体美劳的全面发展具有重要作用。

研学机构要在春季研学游产品上深耕，精心设计研学线路，借助专业师资力量打造研学品牌，精细化、专业化开发"品质＋特色"的研学课程，让学生真正在"春游"中"研学"，在"研学"中成长。比如，依托研学基地开展科普宣传、植物认知、自然探索、劳动实践、工艺及生态文化体验等课程；依托特色资源开展红色研学、工业研学、博物馆研学、科技研学、非遗研学、传统文化研学等课程。

如果让你设计一次到孔子家乡曲阜的春日研学之旅，你会如何设计？

第五节　孔子对管仲的评价自相矛盾吗？

名著与生活

虽然我们每个人都有独特的性格特点，但你在生活中有没有注意到人们在不同的情境和环境中会表现出不同的特点呢？这就是所谓的"两面性"甚至"多面性"的性格特征。正如一片叶子正反面也是不一样的（见图3-9）。这种现象在心理学上被称为"情境适应性"，意味着个体会根据所处的社会环境和交往对象的不同，调整自己的行为和表现。

图3-9　叶子正反面不一样

例如，一个学生在学校里可能是个勤奋好学的孩子，但在家中，他可能就变成了一个懒散的游戏迷。或者一个人在朋友面前表现得非常外向和开朗，而在陌生人面前则显得内向和沉默。这些不同的行为表现，并不是因为他在

"伪装"自己，而是因为他在不同的社会角色和期望中寻找平衡，以适应不同的社交环境。

对于中学生来说，了解这一现象有助于我们更好地理解自己和他人。首先，我们可以认识到，每个人都有多种潜在的性格特质，这些特质可能会在不同的情境下被激发出来。其次，我们也可以学着更加宽容和理解他人，因为每个人都有自己独特的性格和应对不同环境的方式。

总之，性格的多面性是我们作为社会人的一种自然表现，了解和接受这一点，可以帮助我们更好地适应社会，发展健康的人际关系，并成为一个全面发展和更加成熟的人。

你了解管仲和齐桓公的历史小故事吗？

齐桓公是齐国的第15位国君，其前任是他的哥哥齐襄公。齐襄公荒淫无道，昏庸无能，掀起内斗，齐国内部一片混乱。其弟公子小白和公子纠为了躲避灾难，纷纷逃亡国外。其中公子小白与心腹鲍叔牙投奔莒国，公子纠则同心腹管仲投奔了鲁国。后来，齐国发生政变，齐襄公被杀。两兄弟谁先回到齐国，谁就能成为国君。

公子小白和公子纠得知消息后，立即请其所投奔的国家派遣军队，护送他们回国。

为了帮助公子纠夺取国君的位置，管仲在通向莒国的大道上单人匹马追上了公子小白，并且假装恭顺，上前拜见。其间他趁小白不注意，突然猛发一箭，射向小白心窝。仓皇之中，小白大叫一声，口吐鲜血跌下车来。管仲以为大功告成，策马而逃。

公子纠他们以为政敌已除，于是放慢脚步，从容不迫地向齐国进发。可是，当他们到达齐国首都临淄时，小白已经登基成了齐国的国君了。

原来小白并没有死，管仲之箭射在他腰带的铜钩上，使其幸运地避过了这一劫难。同时，小白知道管仲是有名的神箭手，于是他急中生智，咬破舌头，大叫一声，假装口吐鲜血，跌下车去，瞒过了管仲，然后抄小路飞奔齐国，抢先登上了国君的宝座。

齐桓公即位后，为了巩固政权，迫使鲁国杀死了公子纠。召忽因忠诚于公子纠选择自杀，而管仲则没有选择自杀殉主，后被俘虏。

此后齐桓公不计前嫌，听取鲍叔牙的建议，爱惜人才，并拜管仲为宰相。管仲则一生功绩卓著，扶助齐桓公"九合诸侯""一匡天下""尊王攘夷"，开创了自周统一以来中原少有的安定团结局面，并且辅佐齐桓公成了春秋时期的五霸之首。

 究底与寻根

读了上面的故事，你认为管仲是一个怎样的人呢？孔子又是怎么看待管仲的呢？在《论语》中，孔子对管仲有如下评价。

● **原文** 子曰："管仲之器小哉！"或曰："管仲俭乎？"曰："管氏有三归，官事不摄，焉得俭？""然则管仲知礼乎？"曰："邦君树塞门，管氏亦树塞门。邦君为两君之好，有反坫，管氏亦有反坫。管氏而知礼，孰不知礼？"（《论语·八佾》）

○ **译文** 孔子说："管仲的器量狭小得很呀！"有人便问："他是不是很节俭呢？"孔子道："他收取了人民的大量市租，他手下的人员从不兼差，如何能说是节俭呢？"那人又问："那么，他懂得礼节吗？"孔子又道："国君宫殿门前，立了一个塞门；管氏也立了个塞门。国君设宴招待外国的君主，在堂上有放置酒杯的设备，管氏也有这样的设备。假若说他懂得礼节，那谁不懂得礼节呢？"

这里，我们可以看出，孔子在批评管仲不节俭也不守礼。为什么呢？"树塞门"是在大门口筑一道短墙，以别内外，相当于屏风，是国君使用的规格；"反坫"是古代君主招待别国国君时，放置献过酒的空杯子的土台。所以，管仲作为

大臣用国君使用的东西，孔子认为他不守礼。

接下来我们看一看孔子肯定管仲的话。

● **原文** 或问子产。子曰："惠人也。"问子西。曰："彼哉！彼哉！"问管仲。曰："人也。夺伯氏骈邑三百，饭疏食，没齿，无怨言。"（《论语·宪问》）

○ **译文** 有人向孔子问子产是怎样的人物。孔子道："是宽厚慈善的人。"又问到子西。孔子道："他呀，他呀！"又问到管仲。孔子道："他是人才。剥夺了伯氏骈邑三百户的采地，使伯氏只能吃粗粮，到死没有怨恨的话。"

● **原文** 子路曰："桓公杀公子纠，召忽死之，管仲不死。"曰："未仁乎？"子曰："桓公九合诸侯，不以兵车，管仲之力也。如其仁！如其仁！"（《论语·宪问》）

○ **译文** 子路道："齐桓公杀了他哥哥公子纠，（公子纠的师傅）召忽因此自杀，（但是他的另一师傅）管仲却活着。"接着又道："管仲算有仁德吗？"孔子道："齐桓公多次主持诸侯间的盟会，停止了战争，都是管仲的力量。这就是管仲的仁德，这就是管仲的仁德。"

● **原文** 子贡曰："管仲非仁者与？桓公杀公子纠，不能死，又相之。"子曰："管仲相桓公，霸诸侯，一匡天下，民到于今受其赐。微管仲，吾其被发左衽矣。岂若匹夫匹妇之为谅也，自经于沟渎，而莫之知也。"（《论语·宪问》）

○ **译文** 子贡道："管仲不是仁人吧？桓公杀掉了公子纠，他不但不以身殉难，还去辅佐他。"孔子道："管仲辅佐桓公，称霸诸侯，使天下一切得到匡正，人民到今天还受到他的好处。假若没有管仲，我们都会披散着头发，衣襟向左边开（沦为落后民族）。他难道要像普通老百姓一样守着小节小信，在山沟中自杀而不为人知吗？"

我们将上面孔子对管仲的评价进行比较，他一方面说管仲"器小"、不知礼，一方面又说管仲"如其仁"，那么孔子是否自相矛盾呢？

我们试着把管仲这位政治家类比成学校里的一位班干部。他管理能力很强，不过平时有些小问题，如有时候对自己的要求不够严格，做了一些对人不礼貌的事。这当然会影响到他的领导力和公信力。

但他能够不用强制或者惩罚的方式，而是用和平的方式也就是通过沟通来帮助整个集体和谐相处，这样的班干部是不是很了不起呢？

孔子一方面承认管仲有"违礼"的一面，一方面又认为管仲做的事情很有意义，他没有只是忠于领导，而是选择以和平的方式匡扶天下。他没有用武力去解决问题，而是用智慧和规则让大家团结起来，保护了我们的社会安定，保护了百姓的利益，使得百姓免于战争灾难。所以，这是"大仁"。孔子评价人并未自相矛盾，而是于大处着眼，全面看待管仲。

就政治家的实践标准而言，孔子肯定管仲有仁者之功，体现在其"九合诸侯，不以兵车"，重建礼治秩序并且捍卫华夏文明，其事功兼济天下且合乎道义，具有仁之属性，在意义上胜于对忠君之义的执守。其次，就儒家士君子内外贯通的理想要求而言，管仲在德行层面显然有所瑕疵，这种不足反过来又限制了其事功的高度。"由此可见，管仲评价的复杂性源于儒家思想评价标准的内在张力。首先，修己治人、内外一贯固然是理想状态，然而就政治人物而论，实践标准（外王）与德行标准（内圣）二者究竟孰先孰后，内外德行之间是否连续一贯？其次，忠君是否构成评价政治德行的绝对标准？以上种种，都构成了儒家政治伦理中的关键问题。"[①]

 拓展与延伸

孔子的察人识人观是他哲学思想中的一个重要组成部分。常言道"画虎画皮难画骨，知人知面不知心"，其说的是观人不易。下面我们一起来了解一下孔子的观人法。

孔子的弟子颜回被孔子称赞为"不贰过"，这表明颜回在犯错后能够及时纠正，不会犯同样的错误。这体现了孔子在识人时注重个人改正错误和自我提升的能力。

① 管宗昌. 论孔子对管仲评价的一致性：兼及孔子仁学理论的多维性 [J]. 北方论丛，2018（3）：66-67.

另外，孔子说："君子怀刑，小人怀惠。"这里孔子区分了君子和小人在面对法律和社会规范时的不同态度。君子会自觉遵守法律，而小人只关心个人利益。孔子认为，一个人的价值不仅在于他的外在行为，更在于他的内在修养和对社会的贡献。君子应当追求高尚的道德，以仁义而非以利益为行事准则。

最后我们来看看孔子的三层识人法。

子曰："视其所以，观其所由，察其所安。人焉廋哉？人焉廋哉？"（《论语·为政》）

第一，视其所以：观察一个人的行为，看其所作所为是善是恶。这是评价一个人的起点，即从其行为本身出发，而不是预设其动机。

第二，观其所由：分析一个人的行为动机，探究其行为背后的原因。孔子认为，即使行为看似善良，如果动机不纯，也应当受到审视。

第三，察其所安：考察一个人的内心状态和安心之处。这是指了解一个人的内心是否平静、是否满足于现状以及他们的内心是否与外在行为一致。

所以，孔子的察人识人观是一种全面、深入的认识人的方法，它不仅关注个人的行为表现，还注重探究行为背后的动机和内心状态。孔子的这些观点至今仍对人们的道德修养和社会交往有着重要的指导意义。

上面我们提到了孔子的识人观，我们也可以学着去运用它。历史人物往往是一面镜子，能映射出人性的复杂性。在历史的长河中，我们很难简单地将人物划分为好与坏，如汉高祖刘邦。

今天我们来聊聊一个古代的"生存高手"——刘邦。刘邦在彭城大战中，面对强大的对手，选择了一个非常"机智"的策略——他为了保命，抛妻弃子，他的做法匪夷所思。

项羽曾捉到过刘邦的父亲，于是项羽要挟刘邦，若他不投降就杀掉他父亲并烹煮，谁知道刘邦竟然对项羽说："你我结拜过，我父亲就是你父亲，你如果杀了他并烹煮，别忘了分我一杯羹。"刘邦很了解项羽不会杀掉自己的父亲，但他毕竟也是在拿自己父亲的性命做赌注。

　　然而，当刘邦登上了皇位，他开始实行一系列的"惠民政策"：减轻大家的税收负担，提倡教育，还实行宽政，让人民休养生息。他后来的表现证明了他是一位有着超凡政治智慧和领导才能的"王者"。他的这些举措为后来汉朝的繁荣打下了坚实的基础。

　　你如何评价刘邦呢？你觉得他是否是仁人呢？

第四章

《论语》里的辩证关系

　　《论语》作为儒家经典之一，集中体现了孔子及其弟子的思想精髓。本章旨在深入剖析《论语》中所蕴含的辩证思维，通过解读其中的经典篇章，揭示儒家思想中的智慧与哲理。

　　我们将从君子与小人的对比中，探讨人格修养的辩证内涵；从思与学的关系中，领悟知行合一的深刻道理；从闻与达的辩证统一中，理解知识获取与道德实践的相互促进；从过与不及的适度原则中，把握中庸之道的精髓；从仁者与智者的相辅相成中，感受儒家思想中仁智合一的智慧；从出世与入世的辩证思考中，探寻人生境界的无限可能。

　　通过本章的学习，我们不仅能够更加深入地理解儒家思想中的辩证智慧，更能够将其运用到实际生活中，指导我们的言行举止，提升我们的精神境界。让我们一同踏上这段探寻儒家智慧的旅程，感受《论语》中蕴含的深刻哲理，让智慧的光芒照亮我们的人生之路。

第一节 君子与小人

名著与生活

　　在《论语》中，"君子"与"小人"是最重要的一组辩证关系。君子通常指的是品德高尚、行为得体的人，他们遵循礼义，注重道德修养，具有仁爱之心。小人则是指那些缺乏道德修养、行为不端的人，他们往往只关注个人利益，不顾及他人的感受。然而，君子与小人并非二元对立，而是相互依存、相互对立的辩证关系。

　　在现实生活中，我们也常常会遇到各种人际关系与社会互动，各种价值观念在这些互动中相互碰撞。通过学习《论语》对君子与小人的描述，我们可以深刻理解君子与小人并非固定的人格特征，而是一种在不同环境中呈现的态度与选择。君子应当不断努力修德养性，自觉践行仁义道德，而不是停留于表面功夫或者利益得失之中。同时，要意识到小人存在的现实，警惕小人的破坏与伤害，以免自身受损或者对社会造成不良影响。

　　因此，思考《论语》中"君子与小人"的辩证关系对于我们现实生活中的道德选择与人际关系有着重要的启示意义。通过深入理解与思考，我们可以更好地树立正确的道德观念，培养健全的人格品质，构建和谐的人际关系，从而促进个人与社会的共同进步。

思考与联想

　　在当今竞争激烈的社会环境下，你认为君子的人格如何影响一个人的学业成就和社会发展？

　　如何理解《论语》中关于小人的描述与当代社会中的人际关系和道德观念？小人的特征在现代社会中是否与某些社会现象相对应？

一、君子小人之辨：个体品德层面

在《论语》中，君子与小人的区别首先体现在个体的品德层面。孔子明确主张君子是仁、智、勇三者的完美统一。孔子说："君子道者三，我无能焉：仁者不忧，知者不惑，勇者不惧。"君子以仁、义、礼、智为准则，追求道德的完善和高尚。他们以诚实守信、孝顺敬老、恭谨礼让等美德为行为准则，努力成为社会的楷模和榜样。相反，小人则以私欲、狭隘的利益为导向，缺乏道德约束和社会责任感，常常不择手段地谋求个人利益，不顾他人感受，甚至破坏社会秩序。

二、君子小人之辨：社会角色层面

在社会角色层面，《论语》中的君子与小人扮演着不同的角色。君子常常担任社会的领导者、道德楷模和慈善家的角色。他们以身作则，引导他人向善，为社会的和谐与进步做出贡献。君子不仅通过言传身教影响他人，还积极参与公益事业，促进社会的发展。

相反，小人往往扮演着破坏者、自私者和道德败坏者的角色。他们以利益为先，不择手段地追求个人私利，往往给社会带来负面影响。小人的行为不仅伤害他人利益，还破坏社会的和谐与稳定，导致社会资源的浪费和社会价值观的扭曲。

三、君子小人之辨：道德境界层面

在道德境界层面，《论语》中的君子与小人展现出不同的道德境界。君子不仅追求道德的高尚，更追求道德的完善和自我超越。他们通过反思、修炼，不断提升自己的道德境界，力求达到至善至美的境界。君子在面对诱惑和困难时，能够坚守道德原则，保持清醒的头脑和崇高的品德。

相反，小人往往停留在短视、自私、功利的层面，缺乏对道德的思考和追求。他们的行为往往受到个人私欲的驱使。小人缺乏道德境界的提升意识，往往被利益驱动，无法超越个人私利，导致其道德境界停留在低级阶段。

究底与寻根

　　"君子"与"小人"之称出现得很早，西周初年就已经作为一种普遍称谓，并且作为一组相对概念了。《诗经》中多有论述。这时的"君子""小人"主要是对某种身份的泛称，君子指贵族统治者，小人泛指平民或劳动者。例如，《诗·大雅·泂酌》："岂弟君子，民之父母。"《诗·小雅·大东》："周道如砥，其直如矢。君子所履，小人所视。"《角弓》："君子有徽猷，小人与属。"《采薇》："驾彼四牡，四牡骙骙。君子所依，小人所腓。"

　　君子小人的本初含义与社会政治等级密切相关。关于这一点，春秋时人仍有十分清晰的表述，如《左传》："君子小人，物有服章，贵有常尊，贱有等威。"有时候君子又称"大人"，小人又称"野人"。"先进于礼乐，野人也；后进于礼乐，君子也。"（《论语·先进》）这里的君子指卿大夫，君子与野人相对，显然指身份地位的不同。

拓展与延伸

一、子产

图4-1　子产画像①

　　子谓子产："有君子之道四焉：其行己也恭，其事上也敬，其养民也惠，其使民也义。"孔子评论子产说："他有四个方面符合君子的标准：他待人处世很谦恭，侍奉国君认真负责，养护百姓有恩惠，役使百姓合乎情理。"

　　子产（见图4-1），名侨，字子产，是春秋时期著名的政治家、思想家，是孔子心中的君子典范。

　　子产深谋远虑，一心为民，在面对他人的质疑和否定乃至诽谤时不为所动。子产认为自己的所作所为是

---

① 《辞海》编辑委员会. 辞海 [M]. 6版. 上海：上海辞书出版社，2009：3055.

对国家有好处的，宁死不改，也不害怕老百姓的言论。他不仅认为老百姓的谩骂无害，而且对于议论他的乡校也予以支持。他以乡校为师，说："其所善者，吾则行之；其所恶者，吾则改之。是吾师也，若之何毁之？"他颁布政令有信心善始善终，但绝不是刚愎自用，听不得不同的意见和批评。

古人多评价子产为仁人。子产曾问政于然明，然明答以"视民如子，见不仁者诛之，如鹰鹯之逐鸟雀也"，子产闻之而喜。他不毁乡校，不制止民众的诽谤也是"仁"的体现。但"仁"不是纵容，面对国家的长远利益，即使民众一时不同意、不理解，他也坚持做下去，不会因为溺爱而被蒙骗。

《史记》载子产去世后，"丁壮号哭，老人儿啼，曰：'子产去我死乎！民将安归？'"他的政令得到了郑国百姓的认可和拥护，也得到了孔子的称赞。

二、阳货

阳货是孔子心中小人的典型，《论语·阳货》中记载阳货想使孔子谒见他，孔子不见，他便送给孔子一只小猪，想让孔子去他家致谢。孔子趁他不在家时去拜谢，却在半路上碰到了阳货，被迫答应阳货的做官请求。

阳货（见图 4-2）原名阳虎，是春秋时期鲁国的一位卿大夫，后来曾短暂执政鲁国。他原本只是季氏的家臣，但凭借自己的才能和野心逐渐爬升到了高位。

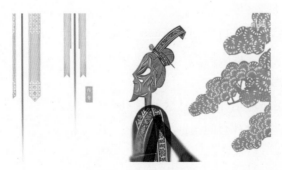

图 4-2 阳货画像①

---

① 蔡志忠. 漫画论语 [M]. 北京：中信出版社，2016：234.

阳货最初只是季氏的家臣，后通过巧妙的手段和策略成功地获得了季氏的信任，并逐渐扩大了自己的势力。随着地位的提升，阳货的野心也越发膨胀。他不再满足于卿大夫的地位，而是渴望掌握更多的权力。于是，他发动政变，谋权篡位，最终成了鲁国的独裁者。他的这种行为被许多人视为忘恩负义，因为他背叛了曾经信任他的季氏。

阳货在掌权后更加放肆和霸道。他欺压百姓，贪污腐败，滥用职权，引起了广泛的不满和反抗。他的种种恶行使得他在鲁国和齐国都声名狼藉。最终，他因为自己的野心和恶行而被迫逃亡到晋国。

在现代社会，尽管科技、文化、价值观等方面都发生了巨大的变化，但成为君子依然有其重要的价值和意义。君子品格的准则应该紧密结合传统美德与当代社会需求。以下是几条相关的准则：

诚实守信：君子应该树立诚实守信的意识，言行一致，信守承诺。他们应该明白诚信是建立人际关系和社会信任的基础，学会遵守规则和法律，不说谎、不作弊，以诚实的态度面对自己和他人。

尊重他人：君子应该尊重他人的权利、尊严和个人差异，包括尊重老师、家长、同学以及社会上的每一个人。君子应学会倾听他人的意见，理解和包容不同观点，避免歧视和排斥他人观点。

谦逊谨慎：君子应保持谦逊和谨慎的态度，不自负，不骄傲。君子应认识到自己的不足和局限性，虚心向他人学习，不断提升自己的修养和能力，同时在言行举止方面保持礼貌和得体。

奉献社会：君子应培养奉献社会的意识，关心他人，乐于助人。他们应该主动参与公益活动，关注社会问题，尽自己的一份力量去改善社会环境，促进社会的进步和发展。

正直勇敢：君子应保持正直和勇敢，勇于面对困难和挑战，不屈不挠地追求自己的目标和理想。他们应该敢于说真话，敢于维护正义，不被外界的压力和诱惑所动摇。

第二节 思与学

名著与生活

在《论语》中，"学"与"思"被视为至关重要的教育概念，为我们揭示了学习与思考的紧密联系。

首先，"学"所强调的知识获取与文化学习不仅是获取信息的过程，更是一种认知世界的途径。通过广泛涉猎各种知识，我们能够更好地理解世界，增进自我修养，为未来的发展打下坚实的基础。"思"则是学习的灵魂，它不仅是对已有知识的反思，更是一种主动的思维过程，通过实践中的思考，我们能够将所学知识转化为实际行动，并通过思考的自我监督功能不断提升自我，实现个人价值的最大化。

学习与思考相辅相成，学而不思则罔，思而不学则殆。只有将学习与思考相结合，才能够实现个人的全面发展与进步。

思考与联想

在学习过程中，你认为思考与理解知识的重要性如何？能否分享一些通过深入思考加深理解的故事。

在现代的学习压力下，如何平衡学习与思考的关系？有哪些教学方法或学习策略可以帮助学生更好地将学习与思考结合起来，从而提高学习效果？

一、学：博学于文

《论语》文本中的"学"继承了之前"学"以"效"为核心的特点，同时突出了"学文"的重要性，强调"博学于文"。《论语》中的"学"的内容主要涉及以下四个方面：①学人事，如"事父母能竭其力，事君能致其身，与朋友交言而有信。虽曰未学，吾必谓之学矣"（《论语·学而》）。②学技能，如"非曰能之，愿学焉。宗庙之事，如会同，端章甫，愿为小相焉"（《论语·先进》）。③学文，如"行有余力，则以学文"（《论语·学而》）。④学道，如"卫公孙朝问于子贡曰：'仲尼焉学？'子贡曰：'文武之道，未坠于地，在人。'"（《论语·子张》）

上述四项"学"的共同特点在于"学"是向外求取经验。经验皆有来源。学文，其实质是向前人载于书中的智慧学习。学道，是向继承了大道的人学习。学农桑军旅之事，是向掌握农桑军旅之事的人学习。学礼乐宗庙之事，是在礼乐宗庙的仪式中学习。当然，孔子并不满足于仅依靠口耳相传和模仿训练的方式"学"，他特别提倡"学文"，强调君子应当通过广泛的阅读来习得圣人的经验。在其与学生子路的一段对话中，子路问："有民人焉，有社稷焉。何必读书，然后为学？"孔子回答道："是故恶夫佞者。"（《论语·先进》）

孔子十分强调读书对于君子的重要性。学文是他用来区分君子之"学"与其他人的"学"最重要的指标。在涉及君子教育的言论中，孔子不止一次提到了读书，故而他编纂删订了记载着三代礼乐传统的六经，以此作为学习者主要的学习材料。

对于"学文"，孔子则提出了"博学"的要求，他有"君子博学于文，约之以礼，亦可以弗畔矣夫"（《论语·雍也》）的说法。此外，在提到"学"的方法之一——"识"时，孔子特别强调"多见而识之"（《论语·述而》），这与其"博学"的原则是相契合的。

二、思：面向实践

相较于"学"，孔子对"思"的概念的发展更富创造力。孔子对"思"的范围和方向做出了限定。在《论语》中，孔子理想的"思"是基于实践基础上，并面向新的实践的思考。

首先，孔子认为"思"的展开必须建立在行为主体与外界交往的前提下。比如，他提到"思而不学则殆"（《论语·为政》）。"学"在这里是一种向外求取经验的活动。孔子认为只"思"不"学"会使人产生倦怠。又如，他提到"吾尝终日不食，终夜不寝，以思，无益，不如学也"（《论语·卫灵公》），更直接点明了不与外界交往的"思"是徒劳无功的。

其次，孔子认为"思"还要面向新的实践，如"三思而后行"（《论语·公冶长》），即鼓励行为主体在行动前对行动可能产生的后果进行谨慎周密的预测和思考。

最后，孔子不提倡对离自身太遥远的事物进行过多思考。比如，他提出"敬鬼神而远之"（《论语·雍也》）。又如，其学生曾子继承了孔子对"思"的看法，提出"切问而近思"（《论语·子张》）等，这些都是对"思"与实践关系的强调。

 究底与寻根

"学"字的演变（见图4-3）经历了一个复杂的历程：商代甲骨文从廾（gǒng）从宀（mián），或从林从宀。廾为两手之象，盖表学习用手，宀为房屋之象，盖表学习场所，二者结合表示会学习意。在商代这两种形声结构就开始结合，出现了从臼从爻，或从臼从爻从宀，或从臼从宀从爻省，等等结构。西周的"学"字为突出学习的对象是儿童，又加表意偏旁"子"。春秋时，臼作两又是前代从廾的烙印。隶变后楷书作"學"，简化作"学"。字中爻即教字，𦥑即学字，教学合成一字也说明古代教学同字。其本义是学习、效法。

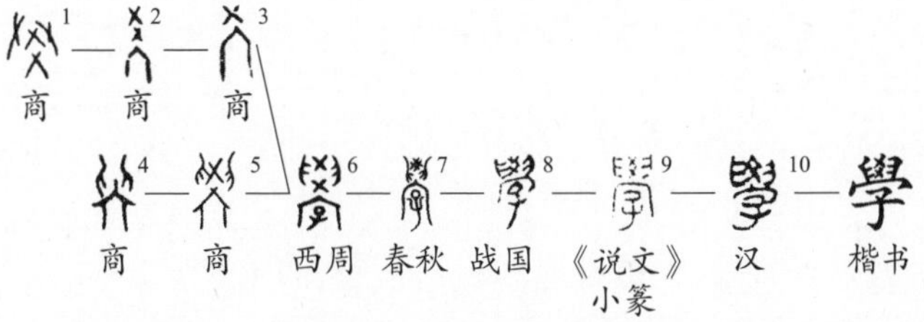

图 4-3 "学"的演变 [1]

思从心，囟声，读为 sī。"思"原作上"囟"下"心"，后"囟"讹变为"田"，"思"便成为上"田"下"心"。其本义为思考。"思"字形的演变如图 4-4所示。

---

[1] 李学勤. 字源 [M]. 天津：天津古籍出版社，2012：265.

战国　　秦　　《说文》　汉　　汉　　汉　　楷书
　　　　　　　　小篆

图4-4　"思"的演变 [1]

拓展与延伸

一、博学的祖冲之

图4-5　祖冲之画像 [2]

祖冲之（见图4-5）从小就读了不少书，人家都称赞他是个博学的青年。他特别爱好研究数学，也喜欢研究天文历法，经常观测太阳和星球运行的情况，并且做了详细记录。

据说，在祖冲之只有4岁的时候，他的父亲给他展示了一串长长的珠子，并要求他数清楚其中的数量。令人震惊的是，祖冲之不仅在短时间内准确地报出了珠子的总数，还迅速地指出了其中一颗珠子遗漏的位置。这个小故事充分展示了祖冲之早期的数学天赋和惊人的计算能力。

随着时间的推移，祖冲之的数学和天文学知识日益丰富。他不仅对传统的数学和天文学理论有着深刻的理解，还敢于挑战和创新。例如，在历法方面，祖冲之认为当时的历法还不够精确，于是他根据自己的长期观察和研究，创制了一部新的历法，名为"大明历"。这种历法测定的每一回归年（也就是两年冬至点之间的时间）的天数，与现代科学测定的只相差五十秒；月亮环行一周的天数与现代科学测定的相差不到一秒，可见其精确程度。

除了数学和天文学，祖冲之还广泛涉猎文学、哲学等多个领域。他的博学多

---

① 李学勤. 字源 [M]. 天津：天津古籍出版社，2012：923.
② 《辞海》编辑委员会. 辞海 [M]. 6版. 上海：上海辞书出版社，2009：3084.

才使得他在当时的社会中备受赞誉。据说，有一次皇帝召集大臣们商议一件重要的事情，而祖冲之也在场。在讨论过程中，皇帝提出了一个涉及多个领域的复杂问题，其他大臣们面面相觑，无法给出满意的回答，而祖冲之却从容不迫地站起来，引经据典、深入浅出地解答了这个问题。皇帝听后大为赞赏，对祖冲之的博学多才表示钦佩。

二、王阳明龙场悟道

图 4-6　王阳明画像①

　　王阳明（见图 4-6）自幼志向远大。在读书时，老师问及学生们读书的目的，大多数人回答是为了通过科举考试，而王阳明却毫不犹豫地表示，自己读书是为了成为圣贤。明朝官方正统思想是程朱理学。起初，王阳明也笃信朱熹的"格物致知"理论，并决定亲自去实践一番。

　　于是，他与好友钱德洪约定去"格"亭前的竹子。钱德洪先尝试了三天，不但未领悟竹子的道理，反而苦思成疾病倒了。王阳明认为钱德洪精力不足，便决定自己试一试。但经过七日七夜的苦思冥想，他也是一无所获，甚至患上了重病。这个故事后来被称为"亭前格竹"。

　　王阳明因此深感圣人非易成，放下了做圣贤的念头，转而致力于研究科举学问。虽然他曾中举，也研究过道家、佛家的理论，但直到三十四岁那年，因上奏触怒大太监刘瑾而被贬到贵州龙场驿，他才开始真正地蜕变和顿悟。

　　龙场驿位于大山深处，环境艰苦，然而王阳明却保持乐观的态度。他每天都思考圣人若处于自己的位置会怎么做。直到有一天夜晚，在半睡半醒之间，他恍然大悟："圣人之道，吾性自足，向之求理于事物者误也。"这意味着，他意识到自己的内心本就具备做圣人的道理，之前在外界事物中寻找道理是大错特错。从此，王阳明开始建立自己的心学理论，并提出了"致良知"说。

---

① 中国大百科全书总编委会. 中国大百科全书 [M]. 2 版. 北京：中国大百科全书出版社，2009：47.

迁移与小试

在现代社会，博学与深思是相辅相成的。学无止境，思则明理。我们可以从以下几个方面着手，通过不断学习与实践，拓宽视野，深化理解，推动个人与社会的共同进步。

在信息爆炸的时代，我们可以通过各种途径获取知识，包括书籍、网络、课程等。因此，我们要保持博学，多渠道、多媒体地学习各种领域的知识，包括但不限于科学、人文等。

学习知识不能只死记硬背，而是要通过深入思考理解知识的内涵和逻辑。我们可以通过与他人讨论、写作、思辨等方式，将所学知识与现实生活联系起来，进行反思和探索。

学习知识只是第一步，更重要的是要将所学知识应用到实际生活和工作中。我们可以通过参与社会实践、项目实践、实习等方式，将所学知识转化为实际行动，从中获取经验和反馈，进一步完善自己的理解和认知。

学习是一个不断反思与调整的过程。在实践中，我们可能会遇到挑战和困难，这需要我们不断地反思自己的行动和思维方式，及时调整自己的学习方法和策略，以达到更好的效果。

综上所述，我们在现代社会要做到博学于思，需要通过多元化学习、深入思考、实践应用以及不断反思与调整等方式，将学习与实践相结合，不断提升自己的综合素质和能力。

第三节 闻与达

名著与生活

在《论语》中，闻和达是一组相对的概念。《论语·颜渊》："夫达也者，质直而好义，察言而观色，虑以下人。在邦必达，在家必达。夫闻也者，色取仁而行违，居之不疑。在邦必闻，在家必闻。"意思是说怎样才是达呢？为人正直，遇事讲理，善于分析别人的言语，观察别人的脸色，从思想上愿意对别人退让。这种人治国会很顺利，治家也会很顺利。表面上似乎爱好仁德，实际行为却不如此，可是自己竟以仁人自居而不加疑惑。这种人，做官的时候一定会骗取名望，居家的时候也一定会骗取名望。

"达"是立身端正，内心好义，一言一行都很谦虚，为人行事都很练达。"闻"是表面上看很仁义，实际作为正好相反，却以名人自居，自以为是。两者是不一样的。

思考与联想

你认为一个人的品德和行为之间有怎样的关联？为什么立身端正、内心好义对于一个人的行为至关重要？以你身边的例子为参照，你觉得在表面上看似仁义，但实际行为却不符合仁义的情况是如何发生的？你认为应该如何区分真正的仁义和表面功夫？

一、内涵对比与道德指向

在《论语》中，"闻"与"达"两者在内涵上形成了鲜明的对比。"闻"字在儒家经典中常用来形容一个人表面的、外在的表现，如看似忠厚、仁义，但实际上其行为与这些美德背道而驰，甚至可能自命不凡、固执己见。"闻"所描述的人，往往缺乏真正的内在修养和道德实践。

与之相对，"达"则代表了真正的道德成就和完善的人格。它意味着一个人不仅在言行上表现得谦虚和练达，更在内心深处秉持正义和道义。这种"达"的境界，是儒家所追求的内在与外在、知与行的统一。

因此，从道德指向来看，"闻"与"达"分别代表了儒家思想中的虚伪与真实、表面与内在。

二、知行合一的实践要求

在《论语》中，儒家思想强调知行合一，即将道德认知转化为道德实践。这一点在"闻"与"达"的关系中得到了体现。

一个人如果只是"闻"而不"达"，即只是表面上表现出仁义，而实际上缺乏真正的道德实践，那么这种"闻"是虚伪的，不能算是真正的儒家道德。相反，那些真正达到"达"的境界的人，他们不仅在认知上明白什么是正义和道义，更能在实践中将这些美德付诸行动，实现知行合一。

因此，"闻"与"达"的关系也可以理解为儒家对知行合一的实践要求。

三、人格完善与社会和谐

在儒家思想中，个人的道德完善与社会的和谐是密不可分的，而"闻"与"达"的关系也在一定程度上反映了这一点。

如果一个人只是追求表面的"闻"，而忽略了内在的"达"，那么这样的人不仅自身难以有真正完善的道德，也会对社会造成负面影响。因为他们的虚伪和自私可能会破坏社会的和谐与稳定。

相反，那些真正达到"达"的境界的人，他们不仅自身具备高尚的道德品质，也能通过他们的言行和行为对社会产生积极的影响，促进社会的和谐与进步。

究底与寻根

"闻"字形的演变如图 4-7 所示，其甲骨文为会意字，"象人跽（jì）而以手附耳谛听之形"；西周金文形体发生讹变，为了追求字形的平衡，而将耳与身体割裂开来，置于其右，人形之上又增加装饰性符号；春秋金文加足趾形，与女旁相似；战国文字有所省减，或省耳，或省人形。战国时期闻又另造形声字，或从耳昏声，与《说文》古文相合；或从耳門声，沿用至今。其本义是听到，听见；引申为被听到，即达到，传布；又引申指使听到，即报告；又引申为闻名，著称；由此引申为名誉，声望。

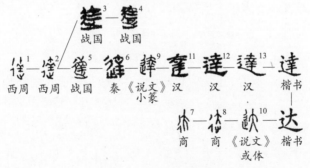

图 4-7 "闻"的演变①

"达"字形的演变如图 4-8 所示，从辵，羍声。羍本义为小羊羔，《说文》曰从羊、大声。金文達字声符从羊。到战国时期，简帛文字中声符羍又有多种变形，下部或省作"二"，又或繁增一"口"。至《说文》小篆羍上部变作"大"，汉代隶变后又多作"土"。下部的羊在汉代又省掉一横，则羍变作了"幸"，实与幸字无关。達甲骨文或从辵、大声，又或从彳，与《说文》或体同。今天的简化字也选用了简单易写的"大"作声符。达本义为通达无阻，引申为到达、通晓、明白、豁达、显贵、表达、送达、引进、通行等意义。

图 4-8 "达"的演变②

① 李学勤. 字源 [M]. 天津：天津古籍出版社，2012：1048.

② 同①：126.

拓展与延伸

一、伪君子王衍

　　王衍（见图4-9），字夷甫，琅琊临沂（今山东省临沂市）人，出身于魏晋高门琅琊王氏。他外表俊秀，风姿文雅，常把自己比作子贡，他的名气很大，为世人所倾慕。他擅长玄理，专门谈论《老子》《庄子》。无论是朝廷高官还是在野人士，都很仰慕他，称他为"一世龙门"。

图4-9　王衍画像

　　王衍的妻子郭氏是惠帝皇后贾南风的亲戚，凭借贾后的权势，他刚愎贪婪，性情暴戾，搜刮财物，贪得无厌，喜欢干涉别人的事情。王衍口中从来不提钱这个字。郭氏想试试他究竟会不会说，就让奴婢用钱绕床一圈，让他不能走出来。王衍早晨起来看到钱后，就对奴婢说："把这些东西（阿堵物）都拿走！"

　　王衍后来当了宰相，却不认真治理国家，只考虑在纷繁变乱的局势中，如何能够使自己及家族长久生存下去，因此他为自己精心铺设了一条退路。青州和荆州都是当时的军事要地，物产也很丰饶。因此，王衍对东海王司马越说："中原现在已经大乱，应该依靠各地负责的大臣，因此应该选择文武兼备的人才出任地方长官。"于是王衍就让弟弟王澄为荆州刺史，族弟王敦为青州刺史，并对王澄、王敦说："荆州有长江、汉水的坚固，青州有背靠大海的险要。你们两个镇守外地，而我留在京师，就可以称得上三窟了。"

当时有见识的人都很鄙夷他，觉得他是个伪君子。

二、仁者刘备

刘备（见图4-10）是三国时少有的仁君。曹操南来攻打荆州，刘表已死，刘琮要投降；诸葛亮认为刘备唯一的出路是袭取荆州，刘备却不肯。刘备去找刘琮，刘琮不敢见他，刘琮身边的许多人随刘备而去；刘备辞别刘表坟墓后去往当阳，十余万人跟着他走，日行十来里。

刘备喜欢结交豪侠，他身边的关羽、张飞、赵云都是豪侠，黄忠、魏延出于行伍，马超是边地军阀，刘备对他们都很信任。

陈寿在《三国志》中评价刘备意志坚定、宽厚仁德、知人善任、礼待下人，有汉高祖刘邦的风范，有英雄的气量。

图4-10 刘备画像[1]

迁移与小试

在当今社会，要达到"达"的境界并非易事，但我们可以从以下几个方面努力。

第一，我们要立身端正，这意味着我们要有正直的品格，不做违背良心和道义的事情。

第二，我们内心要充满正义感，对待他人要公正无私，不偏袒、不歧视。

第三，在言行上，我们要保持谦虚，不张扬、不炫耀，尊重他人的意见和感受。

第四，我们要不断提升自己的能力，以便更好地应对各种复杂的情况。

---

[1] 《辞海》编辑委员会. 辞海 [M]. 6 版. 上海：上海辞书出版社，2009：1411.

第五，在为人行事方面，我们要做到练达，即处理事情要果断得体，不拖泥带水。这需要我们具备丰富的知识和经验，以及敏锐的观察力和判断力。只有这样，我们才能在复杂的社会环境中游刃有余，做到真正的"达"。

总之，做到"达"需要我们不断地自我修炼和提升，保持正直、谦虚、勤奋和学习的态度。只有这样，我们才能在当今社会中立足，成为一个真正有价值和受人尊敬的人。

第四节　过与不及

在《论语》中，过和不及是一组相对的概念。子贡问："师与商也孰贤？"子曰："师也过，商也不及。"曰："然则师愈与？"子曰："过犹不及。"（《论语·先进》）子贡问孔子："颛（zhuān）孙师（子张）和卜商（子夏）两个人，谁强一些？"孔子道："师呢，有些过分；商呢，有些赶不上。"子贡道："那么，师强一些吗？"孔子道："过分和赶不上同样不好。"

孔子认为，对于一个客观存在的标准来说，"过"与"不及"都不好，都不是中庸。"依照现在我们的观点说来，过与不及乃指一定事物在时间与空间中运动，当其发展到一定状态时，应从量的关系上找出与确定其一定的质，这就是'中'，或'中庸'，或'时中'。"孔子认为最好的方式是把握两端，取其中间。当然，这里的中间不是一个简单的长度概念，并非刚好二分之一处，实际上是恰到好处，即适中。

在学习中，过度努力可能会导致过度焦虑和疲惫，而放任自流则可能导致懒

惰并失去动力。那么，在学习过程中，你如何看待努力和放松的关系？你认为如何才能在学习中把握两端，取得更好的成绩和学习体验呢？

一、个人发展

在个人发展中，过与不及都可能对我们的成长产生负面影响。孔子的中庸之道提醒我们，应该在个人发展中找到平衡。我们应该努力追求目标，但也要学会放松和接受自己。只有在努力与放松之间找到平衡，才能实现个人的全面发展。

二、人际关系

在人际关系中，过与不及同样存在着风险。过度依赖他人可能失去独立性和自我，而过度疏远和独立可能会使自己孤独并与他人产生隔阂。中庸之道告诉我们，在人际关系中，应该保持适度的依赖和独立。我们应该学会与他人合作，但也要保持自己的独立性和个性。只有在依赖与独立之间找到平衡，才能建立健康的人际关系。

三、社会环境

在社会环境中，过和不及同样会对社会造成负面影响。过度的竞争和争斗可能导致社会的分裂和冲突，而过度的和谐与安逸可能导致社会的停滞和倒退。中庸之道教导我们，在社会环境中应该保持适度的竞争和合作。我们应该竞争但也要合作，只有在竞争与合作之间找到平衡，才能实现社会的和谐与稳定。

究底与寻根

金文过从止，辵、止为义近形符，古文字中常可通。咼，从口、冎声。冎乃骨之初文，从口，表示口歪斜。咼作声符形体不是很稳定，战国时有作"咼"形，至汉代则有咼、局等诸形，楷书主要承袭了第一个形体。现代汉字因草书

楷化而以"寸"代替了"咼","過"遂写作了"过"。"过"字形演变如图4-11
所示。

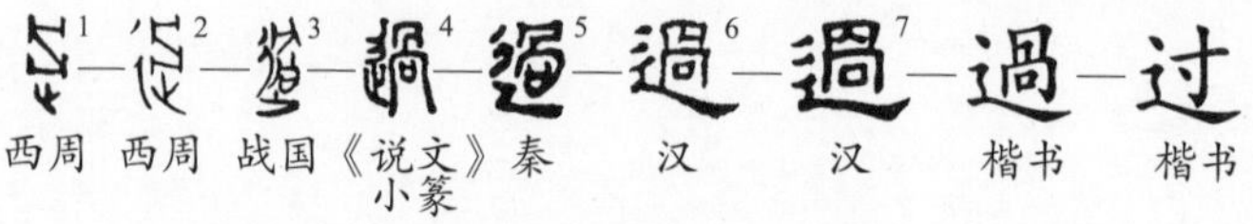

图4-11 "过"的演变 ①

"过"本义为经过。《论语·宪问》："子击磬于卫，有荷蒉而过孔氏之门者。"
引申为渡过、过去、拜访、给予、转移、超过、过分、过失、责备等义。也可表示
度过、过活，或过继、入赘、嫁入，或委婉表示去世。过可作量词，相当于遍、次。

及，从人，从又，其字形演变如图4-12所示。《说文》云："及，逮也。"
"及"本义为追赶上，这个本义在古书中常用。例如，《论语·季氏》："见善如
不及，见不善如探汤。""到达""连及"等义都由本义引申而来。不及表示赶不上。

图4-12 "及"的演变 ②

---

① 李学勤. 字源 [M]. 天津：天津古籍出版社，2012：116.

② 同①：223.

一、不要画蛇添足

战国时，昭阳为楚国大将，当时昭阳已攻下魏国的八座城池，又计划讨伐齐国，于是齐王派陈轸前来游说昭阳，请他不要攻打齐国，陈轸就引用了"画蛇添足"的故事。

在楚国有个专管庙堂祭祀的人，他把一壶酒赏给办事的人们。但是人多酒少，不够大家分喝，于是大家商量了一下，决定采用在地上比赛画蛇的方式，谁先画好一条蛇，谁就可以喝那壶酒。比赛开始之后，有一个人画得很快，不一会儿就画好了蛇，于是便拿起酒准备喝，看着别人还在慢慢地画着，他就左手拿着酒壶，右手握着笔又在地上画了起来，并且得意地说："我还能有时间给蛇画上脚呢！"蛇脚还没画好，另一个人已经画好了蛇并把酒抢过去，说："蛇本来就没有脚，你怎能再给蛇添上脚呢！"（见图4-13）说完，他就把酒给喝了。那个替蛇画上脚的人最后失去了原本属于他的那壶酒。

图4-13 画蛇添足

二、孟子批评陈仲子

匡章曰："陈仲子岂不诚廉士哉？居於（wū）陵，三日不食，耳无闻，目无见也。井上有李，螬（cáo）食实者过半矣，匍匐往将食之，三咽，然后耳有闻，目有见。"

孟子曰："于齐国之士，吾必以仲子为巨擘焉。虽然，仲子恶能廉？充仲子之操，则蚓而后可者也。夫蚓，上食槁壤，下饮黄泉。仲子所居之室，伯夷之所筑与？抑亦盗跖之所筑与？所食之粟，伯夷之所树与？抑亦盗跖之所树与？是未可知也。"

曰："是何伤哉？彼身织屦，妻辟纑，以易之也。"

曰："仲子，齐之世家也。兄戴，盖禄万钟。以兄之禄为不义之禄而不食也，以兄之室为不义之室而不居也，辟兄离母，处于於陵。他日归，则有馈其兄生鹅者，己频蹙曰：'恶用是鶃鶃（yì）者为哉？'他日，其母杀是鹅也，与之食之。其兄自外至，曰：'是鶃鶃之肉也。'出而哇之。以母则不食，以妻则食之；以兄之室则弗居，以於陵则居之。是尚为能充其类也乎？若仲子者，蚓而后充其操者也。"

匡章说："陈仲子难道不是真正的正直廉洁之人吗？他居住在於陵，三天不吃饭，耳朵听不见，眼睛看不到。井边有棵李子树，金龟子的幼虫已蛀食大半，他摸索着爬过去取来吃，吞咽了三口，耳朵才听得见，眼睛才看得见。"

孟子说："在齐国的人士中，我必定是把陈仲子看成顶呱呱的人。然而，仲子怎么称得上廉洁呢？如果要推广仲子的操守，那只有变成蚯蚓才能做到。蚯蚓吞食地面上的干土，饮用地下的泉水。仲子所居住的房屋，是像伯夷那样廉洁的人建造的呢？还是像盗跖那样的强盗建造的呢？他所吃的粮食，是像伯夷那样廉洁的人种植的呢？还是像盗跖那样的强盗种植的？这些都还不知道啊！"

匡章说："这有什么妨碍呢？他亲自编织草鞋，妻子纺织麻线，他用草鞋和麻线换来房屋和粮食。"

孟子说："仲子出身于齐国的大家世族，他的哥哥陈戴在盖邑有封地，年收入万钟。他认为他哥哥的俸禄不是以最佳行为方式得来的，因此不食用；认为他哥哥的房屋不是以最佳行为方式得来的，因此不居住。他避开哥哥和母亲，独自住到於陵。有一天回来，正好碰上有人送一只鹅来，他皱着眉头说：'要这嘎嘎叫的东西干什么？'过了几天，他母亲杀了这只鹅给他吃，他正吃着，他哥哥从外面回来，说：'这便是那嘎嘎叫的东西的肉。'仲子一听，便跑到外面把肉呕吐出来。母亲的东西不吃，却吃妻子的食物；兄长的房屋不住，却去住於陵的房屋，这样能称得上是廉洁的典范吗？像陈仲子这样的人，恐怕只有把自己变成蚯蚓后才符合他的廉洁作风吧？"

迁移与小试

孔子在论述他的中庸之道时，明确指出了"过"与"不及"都不是理想的状态，真正的智慧在于把握两端，取其中间。这一思想对于我们今天的生活和工作仍然具有重要的指导意义。那么，在现代社会中，我们如何才能真正地把握尺度，避免走入"过"与"不及"的误区呢？

首先，我们需要明确自己的目标和价值观。只有清晰地知道自己想要什么，才能避免盲目追求和过度放纵。同时，价值观也是我们判断行为是否适度的标准。当面对选择时，我们可以问问自己："这样做是否符合我的价值观？"如果答案是否定的，那么很可能就是"过"或"不及"了。

其次，我们要学会权衡利弊。在做出决策之前，我们应该充分考虑各种可能的结果和影响，包括对自己、对他人以及对社会的影响。通过权衡利弊，我们可以更全面地了解自己的行为可能带来的后果，从而做出更加明智的选择。

再次，我们还要学会倾听他人的意见和建议。孔子说："三人行，必有我师焉。"这意味着我们应该善于向他人学习，听取他们的意见和建议。当我们面临困境或做出重要决策时，不妨多听听他人的看法，这有助于我们更加全面地了解问题，避免走入极端。

最后，我们要保持平和的心态。在现代社会中，我们面临着种种压力和诱惑，很容易焦虑和不安。然而，只有保持平和的心态，我们才能更好地应对挑战和困难，避免因为情绪失控而做出过激或保守的行为。

综上所述，要把握尺度、避免"过"与"不及"，我们需要明确自己的目标和价值观、学会权衡利弊、倾听他人的意见和建议以及保持平和的心态。只有这样，我们才能在复杂多变的社会环境中保持清醒的头脑和稳定的情绪，做出更加明智和适度的选择。

第五节 仁者与智者

在《论语》中，仁者与智者都是孔子所称赞的，孔子对仁者和智者都

有着深刻的探讨。仁者以善良、宽容和关爱他人而闻名，智者则因聪慧、洞察和明智而备受尊敬。这两种人所具备的品质在生活中都有着重要的价值。

仁者在生活中展现出的是一种宽广的胸怀和慈爱的心灵。他们以善待他人为己任，不计较私利，而是努力去关心、支持和帮助他人。他们深信善待他人能够促进社会的和谐与进步。在《论语》中，孔子说过，"己所不欲，勿施于人"，这句话正是仁者行为准则的核心。仁者明白，人与人之间的相互理解和尊重是构建良好人际关系的关键，也是实现个人与社会和谐共处的基础。

智者则以其卓越的智慧和见识指引着生活的方向。他们不仅具有丰富的知识和经验，更能够运用自己的智慧解决各种问题和挑战。智者不会被情绪所左右，而是以理性和冷静的态度去分析和应对各种情境。在《论语》中，孔子也强调了智者的重要性，他认为"知之为知之，不知为不知"，这句话意味着智者能够了解自己的知识范围，勇于承认自己的不足，从而不断地学习和进步。

 思考与联想

在《论语》中，仁者与智者之间的互动是如何促进道德与智慧的共同发展的？孔子在《论语》中强调了智慧与仁爱的关联，那么在现实生活中，你认为一个人如何能够同时培养和平衡自己的智慧和仁爱之心呢？

综上所述，从道德伦理、社会角色和人生境界等角度来看，《论语》中的仁者与智者存在着密切的关系，二者相辅相成、相互促进，共同构成了儒家思想中的重要理念。仁者和智者的关系不仅体现了儒家伦理思想的核心价值观，也为我们指引了一条道德和智慧并重的人生之路。

一、道德伦理

从道德伦理的角度来看，仁者和智者的关系体现了儒家伦理思想中的"仁者智者"理念，即一个人若要成为真正的仁者就必须具备智慧；而一个人若要成为真正的智者，就必须具备仁爱之心。在《论语》中，孔子强调了智慧与仁爱的关联，认为一个人只有在内心充满了仁爱之心时，才能真正地理解和应用智慧。因此，从道德伦理的角度来看，仁者和智者并非完全独立的两个概念，而是相辅相成、相互依存的。

二、社会角色

在社会中，仁者和智者都扮演着重要的角色，但他们所担负的责任和作用有所不同。仁者通常被视为社会的道德楷模和领袖，他们以仁爱之心对待他人，努力帮助他人，促进社会的和谐与稳定。智者则往往在决策和问题解决中发挥着重要作用，他们凭借自己的智慧和见识为社会提供方向和解决方案。

然而，从社会角色的角度来看，仁者和智者也体现了一种互补和合作的关系。在现实社会中，仁者和智者往往需要相互合作，共同促进社会的发展和进步。智者需要仁者的支持和鼓励，以便让他们的智慧能够真正造福于社会；而仁者也需要智者的指引和建议，以便让他们的仁爱之心能够得到更好的实践和体现。因此，从社会角色的角度来看，仁者和智者的关系是相互依存、相互促进的。

三、人生境界

在人生境界的层面上，《论语》中的仁者和智者被视为追求道德与智慧的人生理想。仁者通过对待他人的仁爱之心，追求内心的高尚品质和道德境界；智者则通过不断的学习和思考，追求智慧和见识的提升。然而，在儒家的传统观念中，仁者和智者往往被视为人生境界的两个重要方面，是构成完整人格的重要元素。

从人生境界的角度来看，仁者和智者的关系体现了人生的完整性和丰富性。一个人如果只有智慧而缺乏仁爱之心，那么他的人生是不完整的；同样，一个人如果只有仁爱之心而缺乏智慧，那么他的人生也将是不完整的。因此，从人生境界的角度来看，仁者和智者之间的关系是相辅相成、相互促进的，二者共同构成了完整而丰富的理想人生。

 究底与寻根

金文"仁"从人从二，人亦声，表示人与人的亲和关系；战国竹简"仁"字从心，身声，一说心指人心之关爱，而身亦声亦义，指怀孕的妇人，故仁直指对他者出自本心的关爱。"仁"的字形演变如图 4-14 所示。

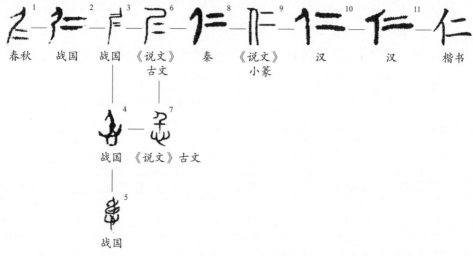

图 4-14 "仁"的演变①

"智"的甲骨文从大从口从子，其异体不从口而从册，表示大人把简册上的知识传授给小孩之意，有知识才有智慧，故"智"引申表示智慧。西周金文多上从大从口从于下从甘，甲骨文和后期金文不从大而从矢，矢是大的讹变，于是子的讹变（见图 4-15）。

① 李学勤. 字源 [M]. 天津：天津古籍出版社，2012：698.

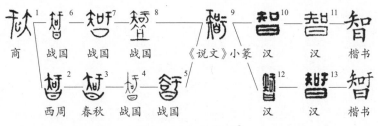

图 4-15　智的演变 ①

一、智者晏子：晏子使楚

　　齐国派遣晏子作为使者出访楚国（见图 4-16）。晏子从大门进入楚国，见到了楚王。楚王一开始就对晏子表示了轻视，他问晏子："齐国难道没有人了吗？怎么派你来做使者？"晏子回答说："齐国的人口众多，每个人都能够挥汗如雨，比肩接踵，怎么会没有人呢？"楚王接着问："那么为什么派你来做使者呢？"晏子巧妙地回答："我们齐国派遣使者有个规矩，贤能的人被派遣到贤能的君主那里去，不肖的

图 4-16　晏子使楚

人被派遣到不肖的君主那里去，而我晏婴是最不肖的人，所以只好被派遣到楚国。"

　　接着，楚王又设计了一个陷阱来羞辱晏子。他命人绑着一个人从晏子面前走过，并问这个人是哪里人，其回答说是齐国人。楚王问这个人犯了什么罪，其回答说犯了盗窃罪。于是楚王对晏子说："齐国人本来就善于偷盗吗？"晏子离席回答说："我听说橘子生长在淮南就是橘子，生长在淮北就变成枳，只

───────────────

① 李学勤. 字源 [M]. 天津：天津古籍出版社，2012：291.

是叶子相似，它们的果实味道却不同。这是为什么呢？是因为水土不同啊。这个人生长在齐国不偷盗，一到楚国就偷盗，难道是因为楚国的水土使人善于偷盗吗？"

晏子的回答让楚王无言以对，他既巧妙地反驳了楚王的指责，又维护了齐国的尊严。晏子在《晏子使楚》这个故事中展现出了智者博学多识、善于观察和思考、机智勇敢、能言善辩等特点。

二、仁者晏子：晏子辅佐齐景公

晏子爱民恤民，他所辅佐的齐景公则只知享乐，不问百姓疾苦，且滥于用刑。晏子和齐景公在政治上是君臣关系，在伦理上则是对立关系。晏子为人臣，要行仁政必须通过齐景公，而要齐景公改弦易辙是天大的难事。一年，齐国大饥，晏子请求开仓发粟，赈济灾民，齐景公不许，并要大兴土木，建路寝之台（古代君主听政之所）。

在这样进退维艰的情况下，晏子命官吏提高工酬，延缓工期，三年后路寝乃成，既未违君命，百姓也因其受惠。

齐景公有许多癖好，如爱马、爱鸟、爱竹、爱槐。间有犯之者，或司其事而偶有所失者，必严惩不贷。一个养鸟人丢失了一只鸟，齐景公大怒，立命斩首。

图4-17 晏子谏齐景公

晏子知道要阻止齐景公是不可能的，就顺水推舟以"归谬"。他对齐景公说此人罪固当斩，请让臣先数之，令其死而无怨。乃斥之曰：你为我君养鸟而失之，其罪一；你使我君为一鸟之故而杀人，其罪二；此事令各国闻之，将以为我君重鸟而轻士，其罪三。字面上都是养鸟人的罪状，实则一步步揭示出齐景公此举的荒唐及严重后果。这种诡谲之谏（见图4-17）使齐景公毫无心理戒备，不自觉服下一剂医治嗜杀恶习的良药。

在现实生活中，我们修身成为仁者、智者的方法有很多。具体建议如下。

（一）培养仁爱之心

首先，我们应该尊重他人的权利和感受，避免伤害他人的尊严和利益。在与他人交往时，要表现得友善和包容，积极倾听对方的意见和想法。

其次，我们应该关注他人的需求和困难，主动提供帮助和支持。通过关爱他人，我们可以培养自己的同情心和同理心，增强与他人的情感联系。

最后，我们应该秉持公正的原则，对待他人不偏不倚。在处理纠纷和冲突时，要公正地评估事实，维护公平正义的价值观。

（二）提升智慧水平

首先，我们应该保持学习的热情，不断汲取新知识、新技能。通过学习，我们可以拓宽自己的视野，增强解决问题的能力。

其次，我们应该培养自己的思维能力，善于分析和解决问题。在面对困难和挑战时，要保持冷静和理性，寻找最佳的解决方案。

最后，我们应该鼓励自己尝试新事物、新方法，勇于挑战传统观念。通过创新，我们可以发掘新的可能性，推动个人和社会的进步。

（三）在实践中实现仁智结合

我们应该将仁爱之心融入智慧，用爱心去指导我们的思考和行动。在追求个人利益的同时关注他人的利益，实现共赢。

同样，我们应该运用智慧去更好地实践仁爱。通过了解他人的需求和困境，我们可以找到更有效的援助方式；通过分析和解决问题，我们可以为他人创造更好的生活条件。

总之，修身成为仁者、智者需要我们不断地培养仁爱之心、提升智慧水平，并在实践中实现仁智结合。只有这样，我们才能更好地应对生活中的挑战和困难，成为一个有道德、有智慧的人。

第六节 出世与入世

名著与生活

　　孔子治学强调人的社会责任，注重经世致用，即"入世"。孔子主张积极用世的基本原则是"天下有道则见，无道则隐"（《论语·泰伯》）。"有道则现"，即"入世"，指兼济天下，以尽社会责任；"无道则隐"，即"出世"，指不愿意助纣为虐，因而只能退而求其次，只能"隐居以求其志"（《论语·季氏》），即以另外一种方式实现自己的人生目标和社会理想。因此在《论语》中，我们可以很明显地看到孔子的两副面孔，而孔子的一生时时刻刻都伴随着"入世"与"出世"的矛盾。

思考与联想

　　在儒家哲学中，出世与入世是如何相互补充、相互促进的？这种关系在现代社会中是否仍然适用？

　　你认为出世与入世的辩证关系对于个人的成长和社会的和谐有何重要意义？如何在实际生活中运用这种理解来指导我们的行为和决策？

一、志于道与知命

　　孔子胸怀天下，亲近志士仁人，所谓"泛爱众，而亲仁"（《论语·学而》），其远大目标在于恢复与遵循周礼，重构社会秩序，建立一个"选贤与能，讲信修睦。故人不独亲其亲，不独子其子，使老有所终，壮有所用，幼有所长，矜、寡、孤、独、废疾者，皆有所养""谋闭而不兴，盗窃乱贼而不作，故外户而不闭"的"天下为公"的"大同"社会。

不过，支撑孔子胸怀天下的远大理想的深厚基础或曰形而上学基础，则是其对大道的信奉与坚守。孔子曾言："志于道，据于德，依于仁，游于艺。"（《论语·述而》）这既是孔子的教学总纲，又是其关于人生信念与自我修行次第或处世立身基本原则的"夫子自道"（《论语·宪问》）。

孔子曾说"朝闻道，夕死可矣"（《论语·里仁》），就是把"道"看得比自己的生命还重要。据此可见，"道"在孔子心目中具有压倒一切的根本性、崇高性和神圣性。按照王弼的解释，人之得"道"为"德"，所谓"德者，得也"。"仁"不过是"德"的核心纲目而已，"游于艺"中的"艺"，则一般指礼、乐、射、御、书、数。显然，相对于"道"而言，"德""仁""艺"只具有从属或次级性的地位。

进而言之，孔子"志于道"中的"道"或曰大道，既然与老子思想中的"道"有着共同或相通的内涵，那么，"志于道"中的"道"的内涵，无疑也是指万物运行或万物创生之原动力，也是道德价值或社会正义的源泉，或直接就是社会正义或真理本身。因此，孔子"志于道"，就是立志于创造，即"生生"，立志与宇宙人生的真理或社会正义在一起，而在现实的政治实践中，就是要实现"天下为公"的"大同"社会理想。

孔子并没有仅仅停留于坐而论道的层次，而是积极地起而行，"知其不可而为之"（《论语·宪问》），即便"厄于陈蔡之间"①（《孟子·尽心下》），"绝粮七日，外无所通，藜羹不充，从者皆病"（《孔子家语·在厄》），孔子依然初心未改，"慷慨讲诵，弦歌不衰"（《孔子家语·在厄》），至于最后的结果如何，自己的政见能否被采纳、实行，孔子认为这是"命"，非个人的力量所能左右。孔子说，"道之将行也与？命也。道之将废也与？命也。"（《论语·宪问》）

在孔子看来，一个真正的君子应该知命，无论人生际遇如何，都应平静地面对，"不怨天，不尤人"（《论语·宪问》），否则，就不能算是君子，所谓"不知命，无以为君子也"（《论语·尧曰》）。

---

① 杨伯峻. 孟子译注 [M]. 北京：中华书局，2005：306.

二、无道则隐

孔子一生，当"入世"时则"入世"，当"出世"时则"出世"，"无可无不可"（《论语·微子》），"时止则止，时行则行"，因而被后世尊称为"圣之时者"。

孔子选择"出世"（隐居），当然不是为了"出世"而"出世"，而是"与时消息"，与时俱进，因为天下无道，世道暗而不明，所以只好选择"出世"。

孔子深知生活非常复杂，有时甚至异常残酷。在残酷的现实面前，一个正直的人该如何演好自己的角色、摆正自己的位置，该如何游走于动荡不定的人世间？孔子的答案非常明确，那就是顺道而行。

孔子笃信而坚守善道，主张顺道而行，其内在的逻辑即"天下有道则见，无道则隐"（《论语·泰伯》），或曰"用之则行，舍之则藏"（《论语·述而》）。

一方面，在孔子看来，天下有道，世态清平，士人出仕，"行义以达其道"（《论语·季氏》），"见善如不及"（《论语·季氏》），服务于社会民众，"当仁不让"，这就是"立功"，可以让有限的生命融于无限，成为不朽，此谓孔子终生心仪之事业。孔子曾非常肯定齐国贤相管仲的历史功绩，指出，"管仲相桓公，霸诸侯，一匡天下，民到于今受其赐。微（没有）管仲，吾其被发左衽矣。"（《论语·宪问》）

然而，另一方面，天下无道，社会毫无正义可言，士人应该怎么办？孔子认为，在这种情况下，一个真正的士君子，不应该悲观沮丧，更不应该歇斯底里，而应该依然顺道而行，毅然心怀正气，毫不犹豫地"出世"，即远离现行政治体制以"从其所好"，或寄情于山水，或隐居于闹市，或潜心于教书育人，总之，自己纯洁的人格不能被玷污，远大的志向不能有丝毫动摇。在孔子看来，越是这种困窘的人生关口，越能检验一个士人的气节是否坚定，所谓"举世混浊，清士乃见"。孔子曾说，"岁寒，然后知松柏之后凋也。"（《论语·子罕》）卫国大夫蘧伯玉，"邦有道，则仕"，"邦无道"则能"卷而怀之"。显然，蘧伯玉就是在人生重要关口能够做出明智抉择的人。因此，孔子赞叹道，"君子哉蘧伯玉！"

当然，孔子主张无道则隐，并非推崇明哲保身，而是赞赏"隐居以求其志"（《论语·季氏》），即避世隐居，最终还是为了保持自身的高洁人格，成就自己的远大志向。

三、寄情山水，乐于典籍编撰与教化

孔子主张"隐居以求其志"，曾言"道不行，乘桴浮于海"（《论语·公冶长》）。孔子所言"海"者，非确指海洋，乃泛指自然、山水、花鸟、鱼虫等。孔子说，"道不行"，即大道或自己的仁政不能得到实施，那么我便退隐，将自我融身于山水自然之中，人就无须任何的矫饰，于是人最为原始的品性与自然万物的原生态相融合，即所谓真美善合一、天人合一。这显然是进入了一种超越是非，乃至超越了道德的审美境界。

孔子试图运用《诗》《书》《礼》《乐》等内蕴的人文精神熏习民人，确保民人不要过于粗野，致力于让其成为"文质彬彬"的君子，强调"君子博学于文，约之以礼"（《论语·雍也》），孔子认为，唯有如此，人们才不容易离经叛道，社会秩序才有基础性或根本性的保证，"致中和，天地位焉，万物育焉"（《论语·中庸》）的理想才有成为现实的可能。

总之，孔子以整理典籍、修史、传道授业解惑为乐，不知疲倦，不畏艰辛，不计荣辱，全然忘却忧愁与贫穷，甚至忘却了岁月的流逝，陶醉于自己喜欢的事业之中。

究底与寻根

"出世"一词出自《南齐书·顾欢传》："孔、老治世为本，释氏出世为宗。"意思主要指企图摆脱世俗生活，远离现实中的种种不完美，以期进入一种完美的状态。不过，中国在先秦时就有"出世"的观念。老子就曾对孔子说："君子得其时则驾，不得其时则蓬累而行。"

"入世"一词则出现得早得多。刘向《九叹·惜贤》："妄周容而入世兮，内距闭而不开。"意思是参与社会实践。孔子说："名不正，则言不顺；言不顺，则事不成；事不成，则礼乐不兴；礼乐不兴，则刑罚不中；刑罚不中，则民无所措手足。"（《论语·子路》）孔子还强调要"君君，臣臣，父父，子子"（《论语·颜渊》），并且大力宣传他的"仁"的理论，认为"一日克己复礼，天下归仁焉"（《论语·颜渊》）。不难看出，孔子十分重视人们在社会中的关系，要求人都能按照某种适当的行为规范来行事，追求建立一个人们能克制自己，合乎"礼"的好（仁）的社会。

拓展与延伸

一、诸葛亮治蜀

图4-18　诸葛亮画像[1]

在汉末乱世，诸葛亮（见图4-18）并没有消极避世，而是将个人才能和智慧投入推动社会进步和国家发展中。

他早年隐居于隆中，但并非完全脱离世事，而是密切关注国家大事，思考治国安邦之策。当刘备三顾茅庐请他出山时，他看到了刘备忧国忧民的心，决定出山相助。

刘备逝世后，诸葛亮继承了刘备的遗志，辅佐刘禅治理国家，推动蜀汉的经济、军事和文化发展。他整顿吏治，选拔人才，推行法治，加强中央集权，使蜀汉社会秩序井然，国力逐渐增强。

在政治方面，诸葛亮注重选拔德才兼备的人才，不拘资历和地域。同时，诸葛亮还采取了一系列民生措施，如减轻赋税、兴修水利、鼓励农业等，使蜀汉经济得到了恢复和发展。

在军事方面，诸葛亮以卓越的军事才能著称，他留下的《谋攻》《治军》《出师》等军事著作在军事历史上具有重要地位。他亲自领兵出征，多次北伐中原，为蜀汉扩张领土，保卫国家安全。同时，诸葛亮还注重培养军事人才，通过军事训练和实战提高了蜀汉军队的战斗力。

在文化方面，诸葛亮倡导"礼乐文化"，推动儒学发展，注重文化教育。他亲自制定《八务》《七戒》《六恐》《五惧》等律法，以规范人们的行为。此外，

---

[1]　中国大百科全书总编委会. 中国大百科全书[M]. 2版. 北京：中国大百科全书出版社，2009：553.

诸葛亮还倡导廉洁奉公、忠诚守信等道德观念，为蜀汉社会的道德建设做出了贡献。

二、陶渊明隐居南山

　　义熙元年（405），陶渊明（见图 4-19）手捧着他最爱的菊花最后一次出仕为彭泽令，然而同年十一月，他的妹妹程氏在武昌去世，这促使他做出了隐居的决定。他写下了《归去来兮辞》，表达了自己对归隐生活的向往和期待，随后解印辞官，开始了他的隐居生活，直至去世。

　　陶渊明过上了舒适的文人闲居生活，饮酒赋诗，琴书自娱。他特别喜爱读书，曾说过："好读书，不求甚解，每有会意，便欣然忘食。"这种从读书中得到快乐的态度，反映了他对精神生活的

图 4-19　陶渊明画像

追求。此外，陶渊明在农活之余也致力于研学，他对学问的追求和热爱使他在隐居生活中找到了自己的乐趣和价值。

　　陶渊明的隐居思想对现代人有着积极和消极两方面的影响。在积极方面，他主张放下功名，回归田园，这对忙碌的现代人来说是一种提醒和启示，使他们能在追求功名利禄的同时，关注内心的需求和精神的满足。在消极方面，有些人认为陶渊明的隐居是出于避祸等原因，他的隐逸被认为是虚伪的，这种看法可能会影响人们对他的评价和对他思想的接受程度。

　　总的来说，陶渊明的隐居生活是他对自由、闲适生活的向往和追求的具体体现。他的隐居思想和行为对现代人仍具有启示意义，让我们在忙碌的生活中也能关注内心的需求和精神的满足。

迁移与小试

　　人生如同一幅丰富多彩的画卷，既有入世的繁华喧嚣，也有出世的宁静淡

泊。作为新时代的青少年，我们应该积极入世，拥抱生活的挑战与机遇，用我们的智慧和热情去创造美好的未来。同时，我们也要学会出世，保持内心的宁静与平和，在忙碌的生活中寻找心灵的寄托和精神的满足。

入世意味着我们要勇敢地面对生活的挑战，积极参与社会事务，为国家的发展和人民的幸福贡献自己的力量。我们要努力学习知识，提升自己的综合素质，关注社会热点，积极参与公益活动，为社会进步贡献自己的微薄之力。通过入世，我们可以更好地了解社会、认识世界，实现自己的价值和梦想。

然而，人生也需要出世的智慧。在忙碌的生活中，我们要学会放下烦琐的事务，关注内心的需求和精神的满足。我们要培养一颗宁静的心，学会在喧嚣的世界中寻找一片属于自己的宁静之地。通过出世，我们可以更好地审视自己、反思人生，找到生活的真谛和意义。

第五章
《论语》里的孔门弟子

在《论语》中，孔子的弟子们以独特的个性和才华展现了不同的学习态度和人生哲学。本章我们一起走进几位孔门弟子，一窥他们的精神风貌和孔子的教育智慧。

颜回以"闻一知十"的学习能力和"触类旁通"的智慧著称。颜回出身贫寒，但勤学好问，安贫乐道，深受孔子赞誉。

子路以率真和勇敢闻名。子路出身寒微，但凭借自己的努力和孔子的教诲，成为一位有影响力的政治家。

冉求在政治和理财方面有很高的造诣。冉求的为政观念是"富民"，并且他在实践中也取得了一定的成就。孔子对冉求的才华给予了肯定，同时指出了他在某些方面需要改进。

子贡则以口才和外交能力著称。他不仅在商业上取得了巨大成功，而且在推广孔子学说方面也做出了巨大贡献。

曾子以重信守义和"三省吾身"的自省态度闻名。曾子的思想强调了诚信和个人修养的重要性，他的故事和言论对后世产生了深远的影响，是儒家重要的继承者。

通过这些弟子的故事，我们可以看到孔子不仅注重知识的传授，更重视品德的培养和个性的发展。这些故事对现代中学生而言仍具有启发意义，能够鼓励他们勇于学习，不断提升自我，并且在生活中坚守诚信和道德原则。

第一节 大智若愚的颜回

名著与生活

　　你在平时学习的过程中会"闻一知十"吗？如果遇到了不开心的事情，你会管控自己的情绪（见图5-1）吗？

图5-1　我的情绪我做主

思考与联想

图5-2　闻一知十

　　你在日常学习、生活中能够感受到快乐吗？你在学习、生活中是否经常遇到困难，你有办法战胜困难吗？你在学习、生活中能够举一反三、闻一知十吗？你知道"闻一知十"（见图5-2）这个典故吗？

 一、典故出处

（一）闻一知十

"闻一知十"这个成语源自《论语·公冶长》，子谓子贡曰："女与回也孰愈？"对曰："赐也何敢望回？回也闻一以知十，赐也闻一以知二。"孔子有许多得意的弟子，颜回和子贡就是其中的两位佼佼者。有一次，孔子问子贡："你和颜回两个人，哪一个更优秀些呢？"子贡是个特别聪明的人，他自认为已经明白了老师的心思，便谦虚地答道："我怎么能和颜回比呢，颜回听到一件事就能够推知十件事，而我听到一件事，至多推知两件事罢了。"这就是"闻一知十"的由来。

但是，这个对话还有下文，子曰："弗如也，吾与女弗如也。"其中，"与"字很耐人寻味，其有不同版本的解读。杨伯峻先生的解释是"与"读yù，翻译为"同意、赞同"，那么"吾与女弗如也"就译成"我同意你的话，你的确赶不上他"。钱穆先生的解读是"与"读音为yǔ，解为"和"，"吾与女弗如也"的意思是"我和你都赶不上他"。

（二）触类旁通

"触类旁通"这个成语源自《周易》"触类而长之，天下之能事毕矣也"，《周易》乾卦也提到"旁通情也"。触类旁通指当我们思考一件事情的外延时，就能由眼前的一件事推衍到与之相关的其他事情上，这对人的要求比较高，而颜回就能做到。由此可见，颜回是个特别会学习的人。孔子之所以器重他，不仅仅是因为他具有刻苦勤奋的优秀品质，更是因为他能够做到举一反三、触类旁通，对一个问题有深入的分析和领悟能力。因此，睿智聪明的子贡认为自己不如颜回，而孔子应该称得上博闻强识了，但他认为在对知识的内化和领悟方面，自己是比不上颜回的。孔子能清醒地认识自己，客观地评价学生，足见他的智慧和心胸。

二、学习迁移

颜回闻一知十、触类旁通的学习能力得到了子贡和孔子的认可，如果我们在日常学习中做不到像颜回那样举一反三，是否可以通过后天的训练提升自己的学习能力呢？首先，我们要弄清楚闻一知十、触类旁通的本质，这种学习方式在心理学上被称为"同化性迁移"。当一个人学会了一个知识点时，就可以这个认知为起点，将这个认知迁移到本质相同的事物之中，不论问题情境如何变化，只要符合这个知识范畴的都可以归为一类知识，进而灵活地运用这个知识点解决新问题。

三、走近颜回

孔子的这位得意门生到底是个怎样的人呢？《史记·仲尼弟子列传》记载，"颜回（见图 5-3）者，鲁人也，字子渊。少孔子三十岁"。颜回，名回，字子渊，也名颜渊，春秋末期鲁国思想家，鲁国都城（今山东省曲阜市）人，被尊称为"复圣""孔门七十二贤之首"，是孔子最得意的弟子。他家境非常贫寒，常年居住在陋巷，但他勤劳好学，是孔子忠实的追随者，用一生践行孔子的"道"，努力做一个仁德的人。

图 5-3　颜回

在《论语》中孔子提到颜回 19 次，孔子认为他德行第一，勤奋好学，智慧聪颖，安贫乐道，淡泊名利，克己复礼，修德向善，大智若愚，不迁怒、不贰过，终日"不违仁"，从这些近乎完美的评价中不难看出孔子对他的高度认可。

（一）修德好学

孔子对颜回的德行给予很高的评价。他认为，"回也，其心三月不违仁，其余则日月至焉而已矣"（《论语·雍也》）。颜回的心中一直不离开仁德，而其他的学生只能在很短时间内做到。孔子对颜回的评价用了《论语》中非常重要的"仁"字，"仁"属于道德论的范畴，一次行仁容易，如果能够坚持践行"仁"道，不受外物影响，这是很难的，长久地坚持需要坚定的意志力，需要自我约束的理性精神。"仁"是孔子思想的核心，它是孔子所构建的理想世界的美好期许，是孔子所认为的孔门弟子应具有的美德的最高层面。孔子很少用"仁"来赞许弟子，甚至在自我内省时认为自己也并没有达到"仁"德的境界。

从司马迁的《史记·仲尼弟子列传》中可知，"回年二十九，发尽白，蚤死。孔子哭之恸，曰：'自吾有回，门人益亲。'"孔子认为颜回优秀但短命，自从颜回成了他的学生，影响了其他人，其他同学才跟他越来越亲近。鲁哀公和季康子问孔子"弟子孰为好学？"孔子的回答都是颜回。颜回的好学更多地源自他的上进心，在《论语·子罕》中，孔子评价颜回"吾见其进也，未见其止也"，充分肯定了颜回的努力进取和坚持不懈。

（二）不迁怒、不贰过

颜回一生"志于道""好学不厌"。他的好学表现为"不迁怒，不贰过"。他的过早离世对孔子来说是个沉重的打击。孔子悲痛欲绝，不断呼喊"天丧予！天丧予"。他甚至说颜回之后再也见不到像他这样好学的弟子了。

"不迁怒，不贰过"，就是不把自己的怒气转移到其他人身上，也绝不犯同样的错误。"不迁怒，不贰过"说起来容易，真正实行起来很难。

"不贰过"更是人生待解的难题。"过"，指过失。"不贰过"是不犯同样的错误。但是，"人非圣贤"，谁能不犯错呢。孔子一直强调"过而不改，是为过矣"。犯错不要紧，只要能够认识到自己的错误，反省错误，并及时改正，这就是好的。其实，认识到自己的错误非常难，这需要人有洞察力、判断力和自省精神。连孔子都说："吾未见能见其过而内自讼者也。"（《论语·公冶长》）可见，有错误能够向内反思、自我责备的人少之又少。颜回之所以能够做到"不贰过"，正是因为他具备清醒地认识错误、自我检讨、及时改错的能力。

（三）所"乐"何事

北宋周敦颐曾提到"孔颜之乐，所乐何事"的问题，引发了后人对一个人的社会价值和人生理想的思考。这个角度可以帮助我们理解为什么孔子这么高调地夸赞颜回。孔颜之乐指的是孔子和弟子颜回共同追求的理想境界，他们追求的不是物质的丰足，而是精神上的丰盈和道德上的完善。具体表现为以下几个方面。

1. 安贫乐道

孔子和颜回都能在贫困的情况下坚守"仁"，获得内心的快乐。

子曰："贤哉回也！一箪食，一瓢饮，在陋巷，人不堪其忧，回也不改其乐。贤哉回也！"（《论语·雍也》）孔子认为颜回最贤德，因为大多数人是无法忍受只有一餐饭、一瓢水，住在穷巷简陋的居室之中的，但颜回却依然快乐。颜回的"乐"非常符合儒家积极入世的哲学观。

1）学习交友之乐

学习的快乐，如：

"学而时习之，不亦说乎？"（《论语·学而》）

"知之者不如好之者，好之者不如乐之者。"（《论语·雍也》）

交友的快乐，如：

"有朋自远方来，不亦乐乎？"（《论语·学而》）

"乐节礼乐，乐道人之善，乐多贤友，益也。"（《论语·季氏》）

2）安贫悟道之乐

"居陋巷……不改其乐。"（《论语·雍也》）

"食无求饱，居无求安。"（《论语·学而》）

"饭疏食，饮水，曲肱而枕之，乐亦在其中矣。不义而富且贵，于我如浮云。"（《论语·述而》）

2. 用行舍藏

用行舍藏、淡泊名利是颜回的处事态度和努力达到的精神境界。"用之则行，舍之则藏，唯我与尔有是夫！"（《论语·述而》）用舍行藏是指被任用就竭尽所能施展抱负，推行仁道；若是不为所用，就退而隐居。

3. 孔颜之乐的实质

"人不堪其忧，回也不改其乐"的"乐"是一种自我约束和主观努力，是在外力作用下获得的快乐。

"乐亦在其中矣"的"乐"是由内而外散发出来的快乐，是一种物我两忘和自然而然的快乐。

两种乐殊途同归，都是对理想人生态度的追寻。

（四）与颜回有关的章句

《论语》中与颜回有关的章句共 20 句，其中有 19 次是孔子提及颜回，1 次是在《论语·子罕》中颜回谈到孔子，认为他"仰之弥高，钻之弥坚"。

2.9 子曰："吾与回言终日，不违如愚。退而省其私，亦足以发，回也，不愚。"（《论语·为政》）

5.9 子谓子贡曰："女与回也孰愈？"对曰："赐也何敢望回？回也闻一以知十，赐也闻一以知二。"子曰："弗如也，吾与女弗如也！"（《论语·公冶长》）

5.26 颜渊、季路侍。子曰："盍各言尔志？"子路曰："愿车马、衣轻裘，与朋友共。敝之而无憾。"颜渊曰："愿无伐善，无施劳。"子路曰："愿闻子之志。"子曰："老者安之，朋友信之，少者怀之。"（《论语·公冶长》）

6.3 哀公问："弟子孰为好学？"孔子对曰："有颜回者好学，不迁怒，不贰过。不幸短命死矣！今也则亡，未闻好学者也。"（《论语·雍也》）

6.7 子曰："回也，其心三月不违仁，其余则日月至焉而已矣。"（《论语·雍也》）

6.11 子曰："贤哉，回也！一箪食，一瓢饮，在陋巷。人不堪其忧，回也不改其乐。贤哉，回也！"（《论语·雍也》）

7.11 子谓颜渊曰："用之则行，舍之则藏，唯我与尔有是夫！"子路曰："子行三军，则谁与？"子曰："暴虎冯河，死而无悔者，吾不与也。必也临事而惧，好谋而成者也。"（《论语·述而》）

9.11 颜渊喟然叹曰："仰之弥高，钻之弥坚；瞻之在前，忽焉在后。夫子循循然善诱人，博我以文，约我以礼。欲罢不能，既竭吾才，如有所立卓尔。虽欲从之，末由也已。"（《论语·子罕》）

9.20 子曰："语之而不惰者，其回也与！"（《论语·子罕》）

9.21 子谓颜渊，曰："惜乎！吾见其进也，未见其止也。"（《论语·子罕》）

11.3 德行：颜渊，闵子骞，冉伯牛，仲弓。言语：宰我，子贡。政事：冉有，季路。文学：子游，子夏。（《论语·先进》）

11.4 子曰："回也非助我者也，于吾言无所不说。"（《论语·先进》）

11.7 季康子问："弟子孰为好学？"孔子对曰："有颜回者好学，不幸短命死矣，今也则亡。"（《论语·先进》）

11.9 颜渊死。子曰："噫！天丧予！天丧予！"（《论语·先进》）

11.10 颜渊死，子哭之恸。从者曰："子恸矣！"曰："有恸乎？非夫人之为恸而谁为！"（《论语·先进》）

11.11 颜渊死，门人欲厚葬之，子曰："不可。"门人厚葬之。子曰："回也视予犹父也，予不得视犹子也。非我也，夫二三子也。"（《论语·先进》）

11.19 子曰："回也其庶乎，屡空。赐不受命，而货殖焉，亿则屡中。"（《论语·先进》）

11.23 子畏于匡，颜渊后。子曰："吾以女为死矣。"曰："子在，回何敢死？"（《论语·先进》）

12.1 颜渊问仁。子曰："克己复礼为仁。一日克己复礼，天下归仁焉。为仁由己，而由人乎哉？"颜渊曰："请问其目。"子曰："非礼勿视，非礼勿听，非礼勿言，非礼勿动。"颜渊曰："回虽不敏，请事斯语矣。"（《论语·颜渊》）

15.11 颜渊问为邦。子曰："行夏之时，乘殷之辂，服周之冕，乐则韶舞。放郑声，远佞人。郑声淫，佞人殆。"（《论语·卫灵公》）

 迁移与小试

电影《孔子》（见图 5-4）里有一个"颜回救书"的片段，镜头的组接符合当下人的思维逻辑，从书落水到颜回多次下水救书，情节设计连贯自然，冷暖色调交织，视觉效果流畅，凸显了鲜明的人物性格。

图 5-4　电影《孔子》颜回剧照

有人认为这一情节缺少史实依据，也有人认为影视作品有符合自己逻辑的想象和虚构，对此你怎么看？请谈谈你的理解和认识。如果有人想超越电影中的角色，用 AI（人工智能）技术还原颜回的真实样貌，你会认同这一做法吗？

第二节 鲁莽率真的子路

　　行走在大街小巷，漫步于公共图书馆、校园，随处可见励志警句，其中很多名言警句来自《论语》《礼记》等经典名著，这些警句激励了一代又一代人，至今广为流传，有些甚至成为大学的校训。比如，复旦大学的校训是"博学而笃志，切问而近思"（见图 5-5），这句话出自《论语·子张》篇；武汉大学的校训是"自强、弘毅、求是、拓新"，其中"弘毅"出自《论语·泰伯》篇："士不可以不弘毅，任重而道远。"

图 5-5　复旦大学校训

　　大家还知道哪些大学的校训呢？你听说过清华大学的校训（见图 5-6）吗？你知道清华校训的出处吗？是谁最先提出这一校训，并成为莘莘学子的精神之源？

图5-6 清华大学校训

 究底与寻根

清华大学的校训是"自强不息，厚德载物"，出自《易经》中的"天行健，君子以自强不息；地势坤，君子以厚德载物"。梁启超先生曾经用《易经》乾卦、坤卦的象辞来激励当时的学子。自古以来，"自强不息"是很多出身贫寒的学子勤奋苦读、努力进取的精神力量，他们之中的很多人最终成长为无愧于时代的栋梁，子路便是其中之一。

一、走近子路

（一）出身寒微

仲由（见图5-7），字子路，又字季路，生于公元前542年，卒于公元前480年，春秋时鲁国卞人。"子路，卞之野人。"（《尸子上·劝学》）这里的"野人"不是我们常说的粗野之人，"野"是子路所处时代的一种行政区划，指四郊以外的地区，也就是现在的郊外、乡村。生活在"野"的人，叫"野人"，从"野"能看出子路身份的卑微。子路年少时家里很穷，纯朴自然的生存环境养成了他

图5-7 电影《孔子》子路剧照

忠厚正直、纯良的性格，他力气很大，最初喜欢用勇力解决问题。

（二）负米侍亲

《二十四孝》记载："周仲由，字子路。家贫，常食藜藿之食，为亲负米百里之外。亲殁，南游于楚，从车百乘，积粟万钟，累茵而坐，列鼎而食，乃叹曰：'虽欲食藜藿，为亲负米，不可得也。'"子路虽然家里穷苦，但从不怨天尤人。他非常孝顺，想到父母每天和他一起吃的都是藜藿一类粗劣的野菜，就到百里以外的地方背回了米给他们吃，一直坚持到父母去世。父母去世以后，他开始了四方游历的生活，积累了一些财富。但面对丰盛的食物，他仍怀念为父母找米吃的日子，一想到如今富裕了，可惜双亲已经不在了，便常常独自伤心叹气。

曾子曰："慎终追远，民德归厚矣。"（《论语·学而》）曾子认为，一个人能够认真处理父母的丧事，恭敬地追念祖先，民风自然会变得淳朴。子路侍奉父母尽孝，父母去世后追思，已经是尽心尽力了。

（三）刚直率性

"仲由字子路，卞人也。少孔子九岁。子路性鄙，好勇力，志伉直。"（《史记·仲尼弟子列传》）子路是孔子的得意门生，他比孔子小九岁。子路性情粗鄙，喜好逞勇武力，性格刚强直爽。从他的打扮"冠雄鸡，佩豭豚"我们可以想象出这样一幅画面：一个不修边幅的粗野之人，头戴着雄鸡式的帽子，戴着公猪皮装饰的佩剑。他还有我们不知道的另外一面，他竟然"陵暴孔子"，就是犯过霸凌孔子的错误。但子路并不是一个恶人，只能说子路刚刚见到孔子时是块未加工的璞玉，"孔子设礼稍诱子路"，孔子用"礼"来耐心地引导他，逐渐规范了他的行为。在孔子的引导下，子路也像其他同学一样，穿上儒生的衣服，专门带着拜师的礼物，请求孔子收下他这个学生。

二、矛盾的子路

子路在追随孔子的岁月里总是有其矛盾的一面，他既摆脱不了鲁莽、粗犷的个性，又习得了君子风范，并一生践行。此外，子路关注现实，孔子更理想化；子路粗放直率，孔子文雅中庸，这本身也是一对矛盾体。

（一）莽撞好学

子路在求学路上总是如饥似渴地学习知识，并掌握了很多才艺。他是一个非常好学的学生，经常积极地提出问题，在《论语》中他主动提问过九次，涉及十一个问题，主要被记载为"子路问""季路问"或"子路问曰""子路曰"等。

1. 恭敬谦虚之问

子路向孔子请教问题时态度谦虚恭敬，在听孔子讲解时也不会无礼反驳。子路进步很快，他在问问题时主题很明确，思路很清晰。他的问题主要集中在"仁德""为政"和如何看待"生死""鬼神"方面。

孔子启发子路思考时提到"六言六蔽"，子路非常坦诚地回答从未听过，于是孔子让他坐下来给他讲授。"好仁不好学，其蔽也愚；好知不好学，其蔽也荡；好信不好学，其蔽也贼；好直不好学，其蔽也绞；好勇不好学，其蔽也乱；好刚不好学，其蔽也狂。"（《论语·阳货》）孔子直接指出"仁、知、信、直、勇、刚"六种品德。如果不爱学习，就会有"愚、荡、贼、绞、乱、狂"六种弊病。概括起来，学习可以避免行为放荡不羁，说话尖刻伤人，做事鲁莽冲动，性格狂妄自大。细细想来，这些弊病子路身上多少都有，针对这些弊病的化解之法均来自孔子的基本理念。如此润物无声地点拨、规劝，既符合孔子的一贯教育方式，又有的放矢。

2. 莽撞率性之答

在《论语·先进》中有这样一个场景，子路、曾皙、冉有、公西华侍坐，"侍坐"就是"陪长者闲坐"，在这样的语境下对话的氛围是自由轻松、和谐融洽的，师生平等对话，学生们可以各抒己见。孔子提出的讨论主题是"言志"。

孔子一发问，子路马上轻率且急切地回答，"千乘之国，摄乎大国之间，加之以师旅，因之以饥馑；由也为之，比及三年，可使有勇，且知方也。"子路假想的是一个中等规模的国家，外有兵患，内有饥荒，如果让他来治理，三年的时间，他就可以让人既有勇气，又懂道义。我们听起来会觉得子路是个有抱负、很自信、有很强的执政能力的人，字里行间都饱含着强国的热情。但夫子听后却"哂之"，这里的"哂"不只是微微一笑，而是笑里已经带着讥讽的意味。可见，对子路的莽撞轻率、不够谦让，孔子还是有点不满意的，子路的理想与他的沂水春风、人尽其才的理想世界有所不同。

（二）鼓励制约

子曰："衣敝缊袍，与衣狐貉者立，而不耻者，其由也与？'不忮不求，何用不臧？'"仲由衣服破旧，虽然身上还有乡野之气，但他与穿裘皮等华服的人站在一起，完全不觉得羞耻，而且他既不嫉妒，也不贪求。孔子对子路的充分肯定让子路对此感激不已。最后孔子还进行了指正，"是道也，何足以臧"，激励子路要有高远志向，不断修正自己，尽量使自己符合君子的标准。

《论语·先进》中也有这样的情况，子路问："闻斯行诸？"子曰："有父兄在，如之何其闻斯行之？"冉有问："闻斯行诸？"子曰："闻斯行之。"公西华曰："由也问'闻斯行诸'，子曰'有父兄在'；求也问'闻斯行诸'，子曰'闻斯行诸'。赤也惑，敢问。"子曰："求也退，故进之；由也兼人，故退之。"当子路请教孔子一件事情是否听到就做时，孔子马上告诫他，有父亲和哥哥在，怎么能听到就马上做呢？冉求问同一问题时得到的答案却相反，孔子让他听到就马上做。公西华对此疑惑不解，孔子认为冉求好退缩，因此鼓励他；子路好逞勇，因此压制一下他。

子路在孔子面前总是一副大胆轻狂、舍我其谁的姿态，所以孔子总是要制约他，力图让他回归到礼上来。

三、君子之风

"质胜文则野，文胜质则史。文质彬彬，然后君子。"（《论语·雍也》）抛开文章的内容和形式的关系不谈，子路的"野"是因缺少文化修养，未被儒家礼乐文化熏陶而表现出来的粗野。余英时在《儒家"君子"的理想》一文中指出，"如果人依其朴实的本性而行，虽然也很好，但不通过文化教养终不免会流于粗野""孔子心目中真正的'君子'一定要'文'与'质'兼备"。

（一）与贫弱者共情

子路出身贫困，心地善良，所以他非常同情劳苦大众，容易跟与他有相同贫苦经历的人产生共情。

《韩非子·外储说右上》记载："鲁以五月起众为长沟，当此之为，子路以其私秩粟为浆饭，要作沟者于五父之衢而餐之。"子路在做邱邑的长官时，用自己的俸粮为挖长沟的鲁国民众准备稀饭，孔子听说后，竟然让子贡倒掉他的饭，砸烂饭碗。孔子认为给鲁国百姓备饭是鲁国国君的职责。子路非常愤怒，质问孔子，孔子说他粗野，并没有理解他的主张，子路的行为违背礼法，天子关爱天下百姓，超越应该关爱的范围就是冒犯。《孔子家语》也有类似的记载："子路为蒲宰，为水备，与民修沟渎；以民之劳烦苦也，人与之一箪食、一壶浆。孔子闻之，使子贡止之。"虽然子路擅自担起国君的职责，有僭越之嫌，不合礼，但从乡野走出来的他，能深切地体察百姓疾苦，因此他对穷苦百姓更富有同情心。

（二）与仁者、智者共识

子路向孔子请教过仁、君子、成人、士、勇、为政、闻斯行诸、生死等许多问题，在不断学习、思考的过程中，子路越来越认同孔子的理念，并且不断进行自我观照，使自己的修养达到了较高的水平。他向孔子请教"鬼神、生死"，但"子不语怪，力，乱，神"（《论语·述而》），孔子强调礼仪教化，不愿谈论怪异、暴力、叛乱和鬼神，他将目光集中到世俗世界。子路赴任蒲大夫，辞别孔子时，孔子告诫他"蒲多壮士，又难治。然吾语汝：恭以敬，可以执勇；宽以正，可以比众；恭正以静，可以报上"（《史记·仲尼弟子列传》）。蒲邑虽然勇武之士多，难治理，但只要恭谨谦敬，就可以管理勇武的人。

子路认同并追随孔子，孔子为政，子路也登上了政坛，在如何处理政事，如何处理与君主的关系，等等方面，他都向孔子虚心请教，不论是做季氏的武官，还是任卫国的蒲邑宰，或是任季氏的总管，他都做得很好。子路由此完成了从乡野粗人到文武官员的华丽转身。

（三）向死而生

孔子说："吾得由，恶言不闻于耳。"（《史记·仲尼弟子列传》）自从有了子路，我再也没听到有人对我口出恶言。子路朴实率真，受教于孔子后，用性命去报答孔子的知遇之恩。子曰："道不行，乘桴浮于海，从我者其由与？"子路闻之喜。子曰："由也好勇过我，无所取材。"（《论语·公冶长》）孔子说，假如天下人不接受我的主张，我想乘着木筏子去海外，跟随我的恐怕只有仲由了，但他也提醒子路有些过于好勇。子路听了他的话是非常高兴的，"志伉直"的子路不仅把孔子当成老师来看待，更把他当成知己，孔子"明知不可为而为之"的精神也深深影响了他。孔子是深知子路的，"若由也，不得其死然。"（《论语·先进》）孔子闻卫乱，曰："嗟乎，由死矣！"已而果死。（《史记·仲尼弟子列传》）这是孔子对子路的预言，也是知己的心灵感应。

卫国内乱，子路认为自己身为孔悝的蒲宰，必须挺身而出，于是这个从乡野走出来的率真之人，飞蛾扑火般奔向卫国都城。有人打掉了他的帽子，他想起孔子曾教导过"君子死而冠不免"的话，于是放下刀剑，从容地整理自己的帽子，淡定地迎接卫人的刀剑。为了义，为了礼，忠诚勇敢的子路选择了慷慨悲壮地赴死。

（四）与子路有关的章句

2.17 子曰："由！诲女知之乎？知之为知之，不知为不知，是知也。"（《论语·为政》）

5.7 子曰："道不行，乘桴浮于海。从我者其由与？"子路闻之喜。子曰："由也好勇过我，无所取材。"（《论语·公冶长》）

5.8 孟武伯问："子路仁乎？"子曰："不知也。"又问。子曰："由也，千乘之国，可使治其赋也，不知其仁也。""求也何如？"子曰："求也，千室之邑，百乘之家，可使为之宰也，不知其仁也。""赤也何如？"子曰："赤也，束带立于朝，可使与宾客言也，不知其仁也。"（《论语·公冶长》）

5.14 子路有闻，未之能行，唯恐有闻。（《论语·公冶长》）

5.26 颜渊、季路侍。子曰："盍各言尔志？"子路曰："愿车马、衣轻裘，与朋友共。敝之而无憾。"颜渊曰："愿无伐善，无施劳。"子路曰："愿闻子之志。"子曰："老者安之，朋友信之，少者怀之。"（《论语·公冶长》）

6.8 季康子问："仲由可使从政也与？"子曰："由也果，于从政乎何有？"曰："赐也，可使从政也与？"曰："赐也达，于从政乎何有？"曰："求也，可使从政也与？"曰："求也艺，于从政乎何有？"（《论语·雍也》）

6.28 子见南子，子路不说。夫子矢之曰："予所否者，天厌之！天厌之！"（《论语·雍也》）

7.11 子谓颜渊曰："用之则行，舍之则藏，唯我与尔有是夫！"子路曰："子行三军，则谁与？"子曰："暴虎冯河，死而无悔者，吾不与也。必也临事而惧，好谋而成者也。"（《论语·述而》）

7.19 叶公问孔子于子路，子路不对。子曰："女奚不曰：其为人也，发愤忘食，乐以忘忧，不知老之将至云尔。"（《论语·述而》）

7.35 子疾病，子路请祷。子曰："有诸？"子路对曰："有之。诔曰：'祷尔于上下神祇。'"子曰："丘之祷久矣。"（《论语·述而》）

9.12 子疾病，子路使门人为臣。病间，曰："久矣哉！由之行诈也，无臣而为有臣。吾谁欺？欺天乎？且予与其死于臣之手也，无宁死于二三子之手乎？且予纵不得大葬，予死于道路乎？"（《论语·子罕》）

9.27 子曰："衣敝缊袍，与衣狐貉者立而不耻者，其由也与？'不忮不求，何用不臧？'"子路终身诵之。子曰："是道也，何足以臧？"（《论语·子罕》）

10.27 色斯举矣，翔而后集。曰："山梁雌雉，时哉！时哉！"子路共之。三嗅而作。（《论语·乡党》）

11.3 德行：颜渊，闵子骞，冉伯牛，仲弓。言语：宰我，子贡。政事：冉有，季路。文学：子游，子夏。（《论语·先进》）

11.12 季路问事鬼神。子曰："未能事人，焉能事鬼？"曰："敢问死。"曰："未知生，焉知死？"（《论语·先进》）

11.13 闵子侍侧，誾誾如也；子路，行行如也；冉有、子贡，侃侃如也。子乐。"若由也，不得其死然。"（《论语·先进》）

11.15 子曰："由之瑟奚为于丘之门？"门人不敬子路。子曰："由也升堂矣，未入于室也。"（《论语·先进》）

11.18 柴也愚，参也鲁，师也辟，由也喭。(《论语·先进》)

11.22 子路问："闻斯行诸？"子曰："有父兄在，如之何其闻斯行之？"冉有问："闻斯行诸？"子曰："闻斯行之。"公西华曰："由也问闻斯行诸，子曰'有父兄在'；求也问闻斯行诸，子曰'闻斯行之'。赤也惑，敢问。"子曰："求也退，故进之；由也兼人，故退之。"(《论语·先进》)

11.24 季子然问："仲由、冉求可谓大臣与？"子曰："吾以子为异之问，曾由与求之问。所谓大臣者：以道事君，不可则止。今由与求也，可谓具臣矣。"曰："然则从之者与？"子曰："弑父与君，亦不从也。"(《论语·先进》)

11.25 子路使子羔为费宰。子曰："贼夫人之子。"子路曰："有民人焉，有社稷焉，何必读书，然后为学？"子曰："是故恶夫佞者。"(《论语·先进》)

11.26 子路、曾皙、冉有、公西华侍坐。子曰："以吾一日长乎尔，毋吾以也。居则曰：'不吾知也！'如或知尔，则何以哉？"子路率尔而对曰："千乘之国，摄乎大国之间，加之以师旅，因之以饥馑，由也为之，比及三年，可使有勇，且知方也。"夫子哂之。……曰："夫子何哂由也？"曰："为国以礼，其言不让，是故哂之。"(《论语·先进》)

12.12 子曰："片言可以折狱者，其由也与？"子路无宿诺。(《论语·颜渊》)

13.1 子路问政。子曰："先之，劳之。"请益，曰："无倦。"(《论语·子路》)

13.3 子路曰："卫君待子而为政，子将奚先？"子曰："必也正名乎！"子路曰："有是哉，子之迂也！奚其正？"子曰："野哉由也！……"(《论语·子路》)

13.28 子路问曰："何如斯可谓之士矣？"子曰："切切、偲偲、怡怡如也，可谓士矣。朋友切切、偲偲，兄弟怡怡。"(《论语·子路》)

14.12 子路问成人。子曰："若臧武仲之知，公绰之不欲，卞庄子之勇，冉求之艺，文之以礼乐，亦可以为成人矣。"曰："今之成人者何必然？见利思义，见危授命，久要不忘平生之言，亦可以为成人矣。"(《论语·宪问》)

14.16 子路曰："桓公杀公子纠，召忽死之，管仲不死。"曰"未仁乎？"子曰："桓公九合诸侯，不以兵车，管仲之力也。如其仁！如其仁！"(《论语·宪问》)

14.22 子路问事君。子曰："勿欺也，而犯之。"(《论语·宪问》)

14.36 公伯寮诉子路于季孙。子服景伯以告，曰："夫子固有惑志于公伯寮，

吾力犹能肆诸市朝。"子曰："道之将行也与，命也；道之将废也与，命也。公伯寮其如命何！"(《论语·宪问》)

14.38 子路宿于石门。晨门曰："奚自？"子路曰："自孔氏。"曰："是知其不可而为之者与？"(《论语·宪问》)

14.42 子路问君子。子曰："修己以敬。"曰："如斯而已乎？"曰："修己以安人。"曰："如斯而已乎？"曰："修己以安百姓。修己以安百姓，尧舜其犹病诸。"(《论语·宪问》)

15.2 在陈绝粮，从者病，莫能兴。子路愠见曰："君子亦有穷乎？"子曰："君子固穷，小人穷斯滥矣。"(《论语·卫灵公》)

15.4 子曰："由！知德者鲜矣。"(《论语·卫灵公》)

16.1 季氏将伐颛臾。冉有、季路见于孔子曰："季氏将有事于颛臾。"孔子曰："求！无乃尔是过与？夫颛臾，昔者先王以为东蒙主，且在邦域之中矣，是社稷之臣也。何以伐为？"冉有曰："夫子欲之，吾二臣者皆不欲也。"(《论语·季氏》)

17.5 公山弗扰以费畔，召，子欲往。子路不说，曰："末之也已，何必公山氏之之也？"子曰："夫召我者而岂徒哉？如有用我者，吾其为东周乎？"(《论语·阳货》)

17.7 佛肸召，子欲往。子路曰："昔者由也闻诸夫子曰。亲于其身为不善者，君子不入也。佛肸以中牟畔，子之往也，如之何？"子曰："然。有是言也。不曰坚乎，磨而不磷；不曰白乎，涅而不缁。吾岂匏瓜也哉？焉能系而不食？"(《论语·阳货》)

17.8 子曰："由也，女闻六言六蔽矣乎？"对曰："未也。""居！吾语女。好仁不好学，其蔽也愚；好知不好学，其蔽也荡；好信不好学，其蔽也贼；好直不好学，其蔽也绞；好勇不好学，其蔽也乱；好刚不好学，其蔽也狂。"(《论语·阳货》)

17.23 子路曰："君子尚勇乎？"子曰："君子义以为上。君子有勇而无义为乱，小人有勇而无义为盗。"

18.6 长沮、桀溺耦而耕，孔子过之，使子路问津焉。长沮曰："夫执舆者为谁？"子路曰："为孔丘。"曰："是鲁孔丘与？"曰："是也。"曰："是知津矣。"

问于桀溺，桀溺曰："子为谁？"曰："为仲由。"曰："是鲁孔丘之徒与？"对曰："然。"曰："滔滔者天下皆是也，而谁以易之？且而与其从辟人之士也，岂若从辟世之士哉？"耰而不辍。子路行以告，夫子怃然曰："鸟兽不可与同群，吾非斯人之徒与而谁与？天下有道，丘不与易也。"

18.7 子路从而后，遇丈人，以杖荷蓧。子路问曰："子见夫子乎？"丈人曰："四体不勤，五谷不分。孰为夫子？"植其杖而芸，子路拱而立。止子路宿，杀鸡为黍而食之，见其二子焉。明日，子路行以告。子曰："隐者也。"使子路反见之。至则行矣。子路曰："不仕无义。长幼之节，不可废也；君臣之义，如之何其废之？欲洁其身，而乱大伦。君子之仕也，行其义也。道之不行，已知之矣。"

迁移与小试

《说苑》中曾谈到子路，"鼓瑟有北鄙之声"，子路对自己的勇非常自负。有人说，子路之勇只是一腔孤勇，缺少智的引导、礼的节制。有人说，子路敢于向孔子表达自己的观点，勇于挑战权威，是真正的勇敢，那么，你如何看待子路的"勇"呢？

第三节 多才多艺的冉求

名著与生活

在生活中，有不少同学都有过学习才艺（见图5-8）的经历，并在多年的勤学苦练下掌握了很多才艺。有些同学可能钢琴十级，不论是演奏莫扎特的《C小调钢琴协奏曲第二乐章》，还是弹奏贝多芬的《月光奏鸣曲》，都得心应手。有些同学可能擅长舞蹈，其跳的充满力量的《欢腾》，能让我们体验到人类对生命和自由的追求。

图 5-8 学习绘画

 思考与联想

你知道孔子的哪个弟子最多才多艺吗？你对这个弟子有哪些了解？他除了多才多艺，还有哪些令人敬佩的优秀品质？

 究底与寻根

孔子这个多才多艺的弟子就是冉求①（见图 5-9），他不仅极具才华，而且品性外柔内刚，做事外圆内方。

图 5-9 冉求

---

① 又称"冉有"。

一、走近冉求

冉求，字子有，又称"冉有"，春秋末年鲁国人。相传他是周文王第十子冉季载的后裔。孔门七十二贤之一，多才多艺，擅长处理政事，理政能力强，善于理财，担任过季氏宰，即季氏的家臣。《孔子家语·七十二弟子解》记载，"冉求，字子有，仲弓之族，有才艺，以政事著名"。从这个记载看他与仲弓是同族，仲弓是谁呢？《史记·仲尼弟子列传》记载"仲弓父，贱人"，从这个记载来看冉求的出身并不高贵。

冉求很受孔子赏识，他跟随夫子周游列国，在鲁哀公五年被季康子召回鲁国。孔子认为他被召回鲁国后一定会得到季氏的重视。果然如孔子预测的那样，冉求一回到鲁国就被季康子委以重任，担任季氏宰。但孔子看出了季氏的僭越之心，他不赞同结党叛乱，因此他总是警告冉求，而事实上作为季氏宰的冉求凭借着他的政治才能在鲁国政治上还是发挥了很大的作用的。

二、冉求的为政观

《论语·先进篇》中有一段冉求言己志的对话，孔子首先发问："以吾一日长乎尔，毋吾以也。居则曰：'不吾知也！'如或知尔，则何以哉？"孔子让大家畅所欲言。孔子提问后子路抢答，但冉求并没有回答，于是孔子主动问"求，尔何如？"冉求回答说："方六七十，如五六十，求也为之，比及三年，可使足民。如其礼乐，以俟君子。"如果让冉求去治理一个小国，他可以使人民富足。从这段对话中可以看出冉求之志在于邦国，他最大的愿望就是人们不挨饿，过上富裕的生活。简而言之，冉求的为政观就是"富民"，先富而后教。

孔子对冉求的理政能力是认同的，有孟武伯与孔子的对话为证，孟武伯问冉求怎么样，孔子认为"千室之邑，百乘之家，可使为之宰也，不知其仁也"。孔子认为，冉求有做一个地方的主管或一个卿大夫的家宰的能力。

当然，从冉求的回答也能看出他的谦逊，他认为教民知礼节自己还不能胜任，要等待圣贤之人来完成。当曾皙对冉求治理国家的理想产生怀疑时，孔子却直率地反驳，"安见方六七十如五六十而非邦也者？"即使国土面积小，冉求的志向也是治理国家。那么，有志于治国安邦为何不符合孔子的志向呢？孔子之志又是什么？为什么他"与点"，也就是最赞成曾点的想法呢？朱熹在《四书集注》中的解释为"盖与圣人之志同，便是尧舜气象也"。杨树达《论语疏证》中是这样解释的："孔子与曾点者，以点之言为太平社会之缩影也。"孔子最希望建立的是一个统治者选贤与能，百姓各得其所，并重"仁"重"礼"的理想社会。

其实，不论是子路的勇毅担当，抑或冉求的富民理想，甚至是曾皙的沂水春风，都是我们青年人的典范。至于孔子最认同曾点，可能与他的人生经历有关。孔子身处乱世，为推行他的政治理想，十几年来奔走在苍茫的中华大地上，却没有得到任何一位统治者的赏识，从这个角度出发，曾皙描绘的蓝图与理想受挫后的孔子的心境可能更契合。

冉求坚持行"富民"之政，他一生都在践行着孔子的理想，敢于担当重任，慷慨无畏，尽心尽力，是儒家思想忠实的信奉者和守护者。

三、冉求之"艺"

冉求沉着冷静，善用谋略，文武兼备。他常虚心向孔子求教，不断积累治国理政的经验，冉求之"艺"主要体现在治国安邦、经济发展、军事战略等方面。

（一）与孔子相合之处

1."成人"之"艺"

冉求长于政事，掌管百乘兵马之家游刃有余。此外，冉求性格谦逊，还多才多艺，孔子曾用一个"艺"字来形容他。当子路问"成人"时，孔子说："若臧武仲之知，公绰之不欲，卞庄子之勇，冉求之艺，文之以礼乐，亦可以为成人矣。""成人"的标准是在礼乐修养的基础上拥有臧武仲的智慧、孟公绰的廉洁、卞庄子的勇敢、冉求的才艺。冉求的多才多艺成为孔子处世哲学的必要条件之一，孔子对此给予了充分肯定。

"周之德，其可谓至德也已矣。"（《论语·泰伯》）孔子认为周朝的道德是最高的境界。"周监于二代，郁郁乎文哉！吾从周。"（《论语·八佾》）孔子非常认可丰富多彩的周代礼仪，积极出仕，推行仁政，实现儒者的"穷则独善其身，达则兼济天下"的政治理想。"修己以安百姓，尧、舜其犹病诸！"（《论语·宪问》）虽然提高自己的修养使百姓安乐连尧、舜都很难完全做到，但他还是义无反顾。孔子在"仁"与"礼"的基础上肯定冉求的"艺"。

2. 智勇之"艺"

《孔子家语·正论解》记载了冉求作为左师总指挥打败齐军之事，冉求第一次出征就展现了杰出的军事才能，让季氏刮目相看，当季氏询问他是从哪里学到的本事时，冉求坚定地说是从孔子那里学来的。《左传·哀公十一年》也有记载，齐军压境，孟孙氏、叔孙氏不满季氏的专政，不出兵相救。但冉求以冷静和智慧连出三策，一面让季氏作战，一面劝孟孙氏、叔孙氏出兵。其胆识和谋略都非常人能比。

（二）与孔子相悖之点

孔子偏爱冉求，却不偏袒他。季孙想按照田亩收税，让冉求向孔子请教，孔子却说："吾不识也。"三发，卒曰："子为国老，待子而行，若之何子之不言也？"仲尼不对，而私于冉求曰："君子之行也，度于礼，施取其厚，事举其中，敛从其薄。"（《左传·哀公十一年》）孔子不断推脱，是反对季氏任意改变先王制度、僭礼而行的行为，这一行为违背了他"法先王"的观念。孔子更不希望季氏增加百姓的赋税，这反映了他"以民为本"的思想。

季氏专权、僭越，"八佾舞于庭，是可忍也，孰不可忍也？"（《论语·八佾》）季氏用天子享用的八佾在庭院中奏乐舞蹈，僭越礼仪，破坏秩序，让孔子非常不满。但季氏僭越违礼的行为愈演愈烈，由舞乐、祭祖、祭山到"禘祭"，不断升级。

当孔子发现冉求辅佐的季氏不断搜刮钱财，竟然比周天子的臣子还富裕时，孔子更是气愤地说，"非吾徒也，小子鸣鼓而攻之，可也。"他不承认冉求是他的学生，让弟子们可以大张旗鼓地去攻击他。从这段往事可以看出，孔子不偏不倚，对冉求的情谊也是爱恨交织的，他认为冉求在对待季氏的态度上应该与他一致，"邦有道，不废；邦无道，免于刑戮"（《论语·公治长》），在盛世有作为，在乱世保全自己。

季氏将伐颛臾。孔子批评冉求"无乃尔是过与"，认为这是冉求的过错。对于治国和征战孔子有独到的见解，他认为一个君主要是能做到"均无贫，和无寡，安无倾"，何必要征伐呢？

作为季氏家臣的中坚力量，冉求参与了季氏家族内部许多重大的政治决策，推行"用田赋"，帮助季氏改革田赋制度；推行"新税制"，帮助季氏增加税收，提升了季氏的实力。季氏在鲁国的特殊地位间接地为鲁国的政治稳定和发展做出了贡献，同时他的治国主张也对后世产生了深远的影响。

四、多面的性格

（一）含蓄内敛

子路问："闻斯行诸？"子曰："有父兄在，如之何其闻斯行之？"冉求问："闻斯行诸？"子曰："闻斯行之。"公西华曰："由也问'闻斯行诸'，子曰'有父兄在'；求也问'闻斯行诸'，子曰'闻斯行诸'。赤也惑，敢问。"子曰："求也退，故进之；由也兼人，故退之。"（《论语·先进》）当子路和冉求问凡事是否一听到就行动时，孔子对子路有所制约，对冉求是积极地劝勉，这源于冉求平日做事容易退缩、含蓄内敛的性格。

（二）乐观善言

"闵子侍侧，訚訚如也；子路，行行如也；冉有、子贡，侃侃如也。子乐。"（《论语·先进》）闵子骞侍立在孔子身边，样子正直而恭敬；子路是很刚强的样子；冉求、子贡的样子温和快乐。孔子讲学之余，看到身边的同学各有所长，心中很高兴。这里提到冉求"侃侃如也"，是说他性情温和、乐观善言。

（三）重情重义

子华使于齐，冉子为其母请粟。子曰："与之釜。"请益。曰："与之庾。"冉子与之粟五秉。子曰："赤之适齐也，乘肥马，衣轻裘。吾闻之也，君子周急不继富。"（《论语·雍也》）子华出使齐国，冉求替子华的母亲向孔子请求补助一些小米。孔子认为公西华比较富有，应该救济穷人。作为朋友，公西华出使在外，冉求便主动承担起照顾朋友母亲的职责。冉求不仅对朋友尽心尽力，对孔子也是真心实意。《孔子家语·曲礼·子贡问》中记载，孔子在听到伯高死于卫国时，冉求恰巧在卫国，便代孔子准备了一束帛、四匹马，以孔子的名义去吊丧。可见，冉求是个重情重义的人。

五、与冉求有关的章句

3.6 季氏旅于泰山。子谓冉有曰："女弗能救与？"对曰："不能。"子曰："呜呼！曾谓泰山，不如林放乎？"（《论语·八佾》）

5.8 孟武伯问："子路仁乎？"子曰："不知也。"又问。子曰："由也，千乘之国，可使治其赋也，不知其仁也。""求也何如？"子曰："求也，千室之邑，百乘之家，可使为之宰也，不知其仁也。""赤也何如？"子曰："赤也，束带立于朝，可使与宾客言也，不知其仁也。"（《论语·公冶长》）

6.4 子华使于齐，冉子为其母请粟。子曰："与之釜。"请益。曰："与之庾。"冉子与之粟五秉。子曰："赤之适齐也，乘肥马，衣轻裘。吾闻之也：君子周急不继富。"（《论语·雍也》）

6.8 季康子问："仲由可使从政也与？"子曰："由也果，于从政乎何有？"曰："赐也，可使从政也与？"曰："赐也达，于从政乎何有？"曰："求也，可使从政也与？"曰："求也艺，于从政乎何有？"（《论语·雍也》）

6.12 冉求曰："非不说子之道，力不足也。"子曰："力不足者，中道而废，今女画。"（《论语·雍也》）

7.15 冉有曰："夫子为卫君乎？"子贡曰："诺，吾将问之。"入，曰："伯夷、叔齐何人也？"曰："古之贤人也。"曰："怨乎？"曰："求仁而得仁，又何怨？"出，曰："夫子不为也。"（《论语·述而》）

11.13 闵子侍侧，誾誾如也；子路，行行如也；冉有、子贡，侃侃如也。子乐。"若由也，不得其死然。"（《论语·先进》）

11.17 季氏富于周公，而求也为之聚敛而附益之。子曰："非吾徒也，小子鸣鼓而攻之，可也。"（《论语·先进》）

11.22 子路问："闻斯行诸？"子曰："有父兄在，如之何其闻斯行之？"冉有问："闻斯行诸？"子曰："闻斯行之。"公西华曰："由也问闻斯行诸，子曰

'有父兄在'；求也问闻斯行诸，子曰'闻斯行之'。赤也惑，敢问。"子曰："求也退，故进之；由也兼人，故退之。"(《论语·先进》)

11.24 季子然问："仲由、冉求可谓大臣与？"子曰："吾以子为异之问，曾由与求之问。所谓大臣者：以道事君，不可则止。今由与求也，可谓具臣矣。"曰："然则从之者与？"子曰："弑父与君，亦不从也。"(《论语·先进》)

13.9 子适卫，冉有仆。子曰："庶矣哉！"冉有曰："既庶矣，又何加焉？"曰："富之。"曰："既富矣，又何加焉？"曰："教之。"(《论语·子路》)

13.14 冉子退朝。子曰："何晏也？"对曰："有政。"子曰："其事也。如有政，虽不吾以，吾其与闻之。"(《论语·子路》)

14.12 子路问成人。子曰："若臧武仲之知，公绰之不欲，卞庄子之勇，冉求之艺，文之以礼乐，亦可以为成人矣。"曰："今之成人者何必然？见利思义，见危授命，久要不忘平生之言，亦可以为成人矣。"(《论语·宪问》)

16.1 季氏将伐颛臾（zhuān yú）。冉有、季路见于孔子曰："季氏将有事于颛臾。"

孔子曰："求，无乃尔是过与？夫颛臾，昔者先王以为东蒙主，且在邦域之中矣。是社稷之臣也，何以伐为？"

冉有曰："夫子欲之，吾二臣者皆不欲也。"

孔子曰："求！周任有言曰：'陈力就列，不能者止。'危而不持，颠而不扶，则将焉用彼相矣？且尔言过矣，虎兕出于柙，龟玉毁于椟中，是谁之过与？"

冉有曰："今夫颛臾，固而近于费。今不取，后世必为子孙忧。"

孔子曰："求！君子疾夫舍曰欲之，而必为之辞。丘也闻有国有家者，不患寡而患不均，不患贫而患不安。盖均无贫，和无寡，安无倾。夫如是，故远人不服，则修文德以来之。既来之，则安之。今由与求也，相夫子，远人不服而不能来也；邦分崩离析而不能守也；而谋动干戈于邦内。吾恐季孙之忧，不在颛臾，而在萧墙之内也。"(《论语·季氏》)

迁移与小试

冉求认为礼乐是教化人的东西，是圣人君子的追求，因此他不太在意礼乐方面的修养。冉求对孔子的观点也不是绝对服从的，他具有改革意识，在经济方面采取了一系列变革，后世对他褒贬不一，对于他的言行你怎么看？

第四节　才干非凡的子贡

你应该已经学习过了孔子"君子不器"（《论语·为政》）的说法，"器"就是器皿，"器"（见图5-10），会意字，四"口"表示众器物的口，"犬"表示守护，以防丢失。"器"本义就是"器具"。段玉裁说"器乃凡器统称"。不同质地、不同用途的器具都可称为"器"，如"木器""金器""陶器""食器""酒器""兵器"等。

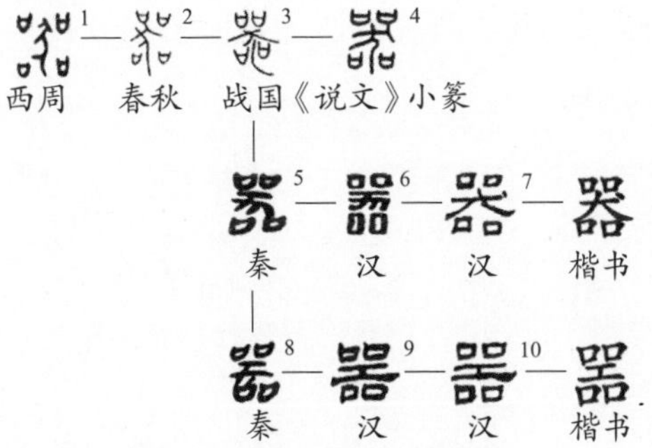

$$器^1—器^2—器^3—器^4$$
西周　　春秋　　战国《说文》小篆

$$器^5—器^6—器^7—器$$
秦　　汉　　汉　　楷书

$$器^8—器^9—器^{10}—器$$
秦　　汉　　汉　　楷书

图5-10 "器"的演变[①]

孔子认为，君子不应拘泥于手段而不思考其背后的目的，只有这样的人才能协助君主治理好国家。随着时间的推移，"君子不器"的含义越来越广泛，现在多指人不能拘于一技一艺，而应通才达识。你在生活和学习中是否是一个"不器"的人呢？你认为怎样才能做到"不器"？

---

① 李学勤. 字源 [M]. 天津：天津古籍出版社，2012：160.

思考与联想

上面我们说到了孔子认为君子应当"不器"，可孔子的弟子子贡曾被老师孔子评价为"女器也"（《论语·公冶长》）。子贡追问："何器也？"孔子说："瑚琏也。""瑚琏"是一种宗庙祭祀用的祭器。那么，孔子为何如此评价学生子贡呢？

究底与寻根

要回答孔子为何评价子贡是"瑚琏"，我们需要先了解子贡其人其才。

端木赐，复姓端木，名赐，字子贡。他是孔子的得意门生之一，来自卫国，比孔子年轻 31 岁。子贡可能出身于比较低下的社会阶层，所以《荀子·大略篇》说他"故鄙人也"①。但这不妨碍他后来成了孔门十哲之一。

子贡可以说是一个个性十足、聪明伶俐的学生。他以口才著称，不但能言善辩，而且颇能察言观色，为其他人所不及。因此一些弟子想对孔子发问而又难于启齿的，往往让他去讲。例如，《论语·述而》记载冉求想了解孔子是否支持卫出公和他父亲蒯聩争位，却不敢直接去问。子贡就说："诺，吾将问之。"他见了孔子，并不提卫出公，却问："伯夷、叔齐何人也？"孔子说："古之贤人也。"他又问："怨乎？"孔子说："求仁得仁，又何怨。"这样，子贡就明白了孔子的态度。因为伯夷的父亲想传位于叔齐，伯夷因此避位，叔齐则因以弟代兄不义而逊让。孔子既然认为伯夷、叔齐的做法对，当然就不赞成卫出公与父亲争位。

在《荀子·子道篇》中也有一段记载可以说明子贡聪明且富有洞察力。据说，古代的丧礼规定：遭父母之丧的人，在服丧期间不能睡床，而鲁国的大夫们却在遭丧十三个月举行"练祭"后就睡床。仲由对此不理解，去问孔子："鲁大夫练而床，礼邪？"孔子说："吾不知也。"仲由便认为孔子真的不知道，并以此告诉子贡。子贡便问孔子说："练而床，礼邪？"孔子说："非礼也。"子贡出来对仲由说：这不是孔子不知道，而是你问得不对。因为根据礼，住在同一个地方的人是不能非议那里的大夫的。这个故事就显出了子贡的机灵和悟性。

---

① 荀子 [M]. 方勇，李波，译注. 2 版. 北京：中华书局，2015：459.

子贡有时也不免有好胜之心。据说，他喜欢议论别人的高下。《论语·宪问》中记载："子贡方人。子曰：'赐也贤乎哉？夫我则不暇。'"这里的"方"是比方，比较人之短长。子贡平时喜欢臧否人物，较其短长。也有一种解释，说"方"就是谤，言人之过。所以大约是孔子察觉到了他颇有些争强好胜之意，因此对他做出一定的批评："夫我则不暇。"

此外，据《史记》记载，子贡在曹鲁之间经商有道，财富颇丰，可见他有着非常突出的经商之才。

但在当时，商人地位低下，孔子对子贡的商业活动持有保留态度，认为他过于追求财富。但子贡在推广孔子学说方面功不可没。我们后面会提及。

另外，子贡还有着突出的外交才能，如《史记·仲尼弟子列传》记载，有一次齐国要伐鲁，孔子召集弟子们商议救鲁之策，别的弟子请求出使，孔子不许，只有子贡得到准许，他去历说齐、吴、越、晋四国，使齐国移兵与吴国交战，齐兵战败，鲁国得以免祸。他这种游说的策略已近于战国的纵横家。

说到这里，我们再回看孔子对子贡的评价"瑚琏也"，瑚琏是一种古代祭祀时盛黍稷的器皿，需要用玉装饰，十分贵重。因此，这其实是孔子对子贡才华的一种肯定之词，孔子认为子贡是适用于庙堂的人才，堪当国家大任。但另一方面，孔子说他是"器也"，也指出了子贡存在的一些不足，说明和孔子理想的"君子"还有一定距离。

但这并不妨碍孔子对子贡的认可，如《论语·子路》中孔子对子贡的评价"行己有耻，使于四方，不辱君命，可谓士矣"。另有《史记·孔子世家》[1] 载，孔子去世前，子贡去看孔子，孔子说："赐，汝来何其晚也？"孔子还对他讲了自己将去世的预感。孔子卒后，子贡守墓六年。可见师徒二人感情之深。后人为纪念此事，在子贡守墓的地点建屋三间，立碑一座，曰"子贡庐墓处"。

下面我们了解一下子贡对发扬孔子学说做出的贡献。

---

① 司马迁. 史记 [M]. 北京：中华书局，2011：1739.

一、为孔门提供经济支持与物质帮助

子贡在商业上的成功为他提供了经济资源，他能够为孔子及其弟子提供物质帮助。《史记·货殖列传》记载，子贡行走于列国，车马随从众多，排场阔绰，各国皆待之以上宾。更有说法称孔子周游列国也得到了子贡在财力方面的支持。

二、发挥政治与外交影响力

子贡利用自己的政治影响力，通过游说各国诸侯，使鲁国免受齐国的侵略。《史记·仲尼弟子列传》记载子贡出使齐、吴、越、晋四国，合纵连横，利口巧辞，以一己之力，重塑列国势力格局，化解了这场强弱悬殊的战争。

三、大力传播并弘扬孔子的思想与智慧

子贡非常尊重自己的老师，在与各国诸侯的交往中，他经常提及孔子的教诲，使孔子的名声和学说得以远播。

孔子与众弟子"周游列国"乃是为了使自己的政治理想得到施展，因此，他们每到一处，往往都会迅速地熟悉该国的政事。对此，子禽不明白，还询问这是孔子"求"来的，还是别人主动告诉他的。子贡则认为："夫子温、良、恭、俭、让以得之。夫子之求之也，其诸异乎人之求之与？"也就是子贡不否认是孔子"求之"，但他指出孔子是靠他优良的品德和崇高的威望得到的，是为了推行自己的主张，与别人获得的方法并不一样。

《论语·子张》集中记录了这方面的内容：

叔孙武叔语大夫于朝，曰："子贡贤于仲尼。"子服景伯以告子贡。子贡曰："譬之宫墙，赐之墙也及肩，窥见宫室之好。夫子之墙数仞，不得其门而入，不见宫室之美，百官之富。得其门者或寡矣。夫子之云，不亦宜乎！"

当叔孙武叔认为子贡贤于孔子时，子贡说："这好比宫墙，我的墙只有肩高，墙外的人能看见里面房子的精美。夫子的墙有几丈高，要是找不到门户进

去，就看不见里面雄伟的宗庙和那么多富丽堂皇的房屋。能找到门户的人是很少的。"

叔孙武叔毁仲尼。子贡曰："无以为也，仲尼不可毁也。他人之贤者，丘陵也，犹可逾也；仲尼，日月也，无得而逾焉。人虽欲自绝，其何伤于日月乎？多见其不知量也！"

当叔孙武叔诋毁仲尼时，子贡说："无须如此啊！因为仲尼是无法诋毁的。其他的贤者好比丘陵，还可超越；而仲尼堪比日月，是无法超越的。一个人虽欲自绝于日月，但对日月又能有何伤害呢？只是显出他的不自量力而已。"可见子贡对老师孔子的尊敬与推崇。

《史记》中提到子贡"结驷连骑，束帛之币，以聘享诸侯，所至，国君无不分庭与之抗礼。夫使孔子名布扬于天下者，子贡先后之也"。

四、孔子去世后的维护者

我们前面提及孔子去世后，子贡守墓六年。这不仅是对孔子个人的忠诚和尊敬，也是对孔子学说的坚守和维护。他在商业经营中也坚持经营之"道"，坚持仁德，体现了他对孔子思想的深刻理解和传承。

通过上述方式，子贡不仅在孔子生前大力支持其学说的传播，而且在孔子去世后继续维护和弘扬孔子的思想，对儒家学派的形成和发展产生了深远的影响。他的行动和智慧至今仍然被人们所铭记和尊敬。

下面是与子贡有关的章句：

1.10 子禽问于子贡曰："夫子至于是邦也，必闻其政，求之与？抑与之与？"子贡曰："夫子温、良、恭、俭、让以得之。夫子之求之也，其诸异乎人之求之与？"（《论语·学而》）

2.13 子贡问君子，子曰："先行其言，而后从之。"（《论语·为政》）

3.17 子贡欲去告朔之饩羊。子曰："赐也，尔爱其羊，我爱其礼。"（《论语·八佾》）

5.4 子贡问曰："赐也何如？"子曰："女器也。"曰："何器也？"曰："瑚琏也。"（《论语·公冶长》）

5.9 子谓子贡曰："女与回也孰愈？"对曰："赐也何敢望回？回也闻一以知十，赐也闻一以知二。"子曰："弗如也！吾与女弗如也。"（《论语·公冶长》）

5.12 子贡曰："我不欲人之加诸我也，吾亦欲无加诸人。"子曰："赐也，非尔所及也。"（《论语·公冶长》）

5.13 子贡曰："夫子之文章，可得而闻也；夫子之言性与天道，不可得而闻也。"（《论语·公冶长》）

6.8 季康子问："仲由可使从政也与？"子曰："由也果，于从政乎何有？"曰："赐也，可使从政也与？"曰："赐也达，于从政乎何有？"曰："求也，可使从政也与？"曰："求也艺，于从政乎何有？"（《论语·雍也》）

6.30 子贡曰："如有博施于民而能济众，何如？可谓仁乎？"子曰："何事于仁，必也圣乎！尧舜其犹病诸！夫仁者，己欲立而立人，己欲达而达人。能近取譬，可谓仁之方也已。"（《论语·雍也》）

9.6 太宰问于子贡曰："夫子圣者与？何其多能也？"子贡曰："固天纵之将圣，又多能也。"子闻之，曰："太宰知我乎！吾少也贱，故多能鄙事。君子多乎哉？不多也。"（《论语·子罕》）

9.13 子贡曰："有美玉于斯，韫椟而藏诸？求善贾而沽诸？"子曰："沽之哉！沽之哉！我待贾者也。"（《论语·子罕》）

11.13 闵子侍侧，訚訚如也；子路，行行如也；冉有、子贡，侃侃如也。子乐。"若由也，不得其死然。"（《论语·先进》）

11.19 子曰："回也其庶乎，屡空。赐不受命，而货殖焉，亿则屡中。"（《论语·先进》）

12.7 子贡问政。子曰："足食。足兵。民信之矣。"子贡曰："必不得已而去，于斯三者何先？"曰："去兵。"子贡曰："必不得已而去，于斯二者何先？"曰："去食。自古皆有死，民无信不立。"（《论语·颜渊》）

12.8 棘子成曰："君子质而已矣，何以文为？"子贡曰："惜乎，夫子之说，君子也。驷不及舌。文犹质也，质犹文也。虎豹之鞟，犹犬羊之鞟。"（《论语·颜渊》）

12.23 子贡问友。子曰："忠告而善道之，不可则止，无自辱焉。"（《论语·颜渊》）

13.20 子贡问曰:"何如斯可谓之士矣?"子曰:"行己有耻,使于四方,不辱君命,可谓士矣。"曰:"敢问其次。"曰:"宗族称孝焉,乡党称弟焉。"曰:"敢问其次。"曰:"言必信,行必果,硁硁然小人哉!抑亦可以为次矣。"曰:"今之从政者何如?"子曰:"噫!斗筲之人,何足算也?"(《论语·子路》)

13.24 子贡问曰:"乡人皆好之,何如?"子曰:"未可也。""乡人皆恶之,何如?"子曰:"未可也。不如乡人之善者好之,其不善者恶之。"(《论语·子路》)

14.17 子贡曰:"管仲非仁者与?桓公杀公子纠,不能死,又相之。"子曰:"管仲相桓公,霸诸侯,一匡天下,民到于今受其赐。微管仲,吾其被发左衽矣。岂若匹夫匹妇之为谅也,自经于沟渎,而莫之知也?"(《论语·宪问》)

14.28 子曰:"君子道者三,我无能焉:仁者不忧,知者不惑,勇者不惧。"子贡曰:"夫子自道也。"(《论语·宪问》)

14.29 子贡方人。子曰:"赐也贤乎哉?夫我则不暇。"(《论语·宪问》)

15.3 子曰:"赐也,女以予为多学而识之者与?"对曰:"然,非与?"曰:"非也,予一以贯之。"(《论语·卫灵公》)

15.10 子贡问为仁。子曰:"工欲善其事,必先利其器。居是邦也,事其大夫之贤者,友其士之仁者。"(《论语·卫灵公》)

15.24 子贡问曰:"有一言而可以终身行之者乎?"子曰:"其恕乎!己所不欲,勿施于人。"(《论语·卫灵公》)

17.24 子贡曰:"君子亦有恶乎?"子曰:"有恶:恶称人之恶者,恶居下流而讪上者,恶勇而无礼者,恶果敢而窒者。"曰:"赐也亦有恶乎?""恶徼以为知者,恶不孙以为勇者,恶讦以为直者。"(《论语·阳货》)

19.20 子贡曰:"纣之不善,不如是之甚也。是以君子恶居下流,天下之恶皆归焉。"(《论语·子张》)

19.21 子贡曰:"君子之过也,如日月之食焉:过也,人皆见之;更也,人皆仰之。"(《论语·子张》)

19.22 卫公孙朝问于子贡曰:"仲尼焉学?"子贡曰:"文武之道,未坠于地,在人。贤者识其大者,不贤者识其小者。莫不有文武之道焉。夫子焉不学?而亦何常师之有?"(《论语·子张》)

19.23 叔孙武叔语大夫于朝，曰："子贡贤于仲尼。"子服景伯以告子贡。子贡曰："譬之宫墙，赐之墙也及肩，窥见室家之好。夫子之墙数仞，不得其门而入，不见宗庙之美，百官之富。得其门者或寡矣。夫子之云，不亦宜乎！"（《论语·子张》）

19.24 叔孙武叔毁仲尼。子贡曰："无以为也，仲尼不可毁也。他人之贤者，丘陵也，犹可逾也；仲尼，日月也，无得而逾焉。人虽欲自绝，其何伤于日月乎？多见其不知量也。"（《论语·子张》）

19.25 陈子禽谓子贡曰："子为恭也，仲尼岂贤于子乎？"子贡曰："君子一言以为知，一言以为不知，言不可不慎也。夫子之不可及也，犹天之不可阶而升也。夫子之得邦家者，所谓立之斯立，道之斯行，绥之斯来，动之斯和。其生也荣，其死也哀，如之何其可及也？"（《论语·子张》）

迁移与小试

现代社会提倡复合型人才，即多功能人才，其特点是多才多艺，能够在很多领域大显身手。复合型人才包括知识复合、能力复合、思维复合等多方面。当今社会的重大特征是学科交叉、知识融合、技术集成。这一特征使每个人都要提高自身的综合素质。你认为这与孔子提倡的"不器"有没有关联？子贡若生活在今天是否是一个复合型人才？

第五节　重信守义的曾子

名著与生活

你在个人成长和事业发展中，如何看待"任重而道远"这一观念？它对我们设定未来的目标和规划有何指导意义？

在这个快节奏、高压的时代，我们往往容易迷失在纷繁复杂的事务中，忽视对内心的关照和反思。那么，你知道我们应该怎样做吗？你知道"三省吾身"（见图 5-11）这个典故吗？

图 5-11　三省吾身

一、典故出处

（一）三省吾身

"三省吾身"这个成语源自《论语·学而》，曾参曾说："吾日三省吾身：为人谋而不忠乎？与朋友交而不信乎？传不习乎？"意思是说，他每天都要自我反省：第一，为别人做事有没有尽心尽力？第二，与朋友交往有没有守信用？第三，自己传授学生的道理有没有印证练习？此时曾参已经为人师，所以这第三句话，要理解成教给学生的自己有没有充分实践。

这三句话有递进顺序，先是谈到别人（领导或长辈），接着谈到朋友（平辈），最后谈到学生（晚辈）。曾参经常反省，目的是要求在"人与人之间"扮演好自己的每一个角色，这样才能改善自己，在人生正途（"仁"）上向着至善的目标前进。

（二）大节不夺

"大节不夺"这个典故出自《论语·泰伯》。曾子曰："可以托六尺之孤，可以寄百里之命，临大节而不可夺也，君子人与（欤）？君子人也。""六尺之孤"一般指幼主。"百里之命"指古代的小国。这句话的意思是曾子说："可以托付未成年的孤儿（把他养育大），可以把百里诸侯国的民众性命寄托给他（事成后交还政权），面对国家生死存亡挺身而出而不丧失勇气（伴随性命之忧）。君子是人吗（这些事普通人很难做到）？君子是这样的人（道德高尚的人）！"

这里说的"君子人"是辅弼明君的忠臣，林则徐"苟利国家生死以，岂因祸福避趋之"（《赴戍登程口占示家人》）说的也是这样一种节义。

二、学习迁移

曾子的重信守义体现在他对待承诺和道义的高度认真和坚定态度上。这种重信守义的精神在曾子的思想中占据了重要地位。他认为诚信是为人处世的基本原则，无论在家庭、朋友还是社会层面，都应坚持以诚信为本。他强调家庭中的忠诚和恭敬，朋友之间的信任和守信，以及社会上的正直和公正。

此外，曾子还注重自修，认为个人应该通过不断反省和修炼来提升自己的品德修养。他相信，只有内心真诚、言行一致的人，才能真正做到重信守义。

三、走近曾子

曾子是个怎样的人？曾参，鲁国人，小孔子四十六岁，是孔子门下一个很有名的学生。他的父亲曾点（曾晳）也是孔子的学生。曾点是非常潇洒的人，而曾参十分老实，父子两人的个性、才华可以说是完全不同。

关于对曾参的评价，孔子说过，"参也鲁"（《论语·先进》），"鲁"代表老实、迟钝，反应比较慢。

不过，曾参是一个勤奋向学的年轻人，他一直都很努力，最后也获得了杰出的成就。《中庸》里说："人一能之己百之，人十能之己千之。果能此道矣，虽愚必明，虽柔必强。"意思是说，别人读一遍就会了，我读一百遍；别人读十遍就会了，我读一千遍。如果按照这种方法，虽然愚笨，但是到最后都能领悟。

《论语》提到曾子言行共14次。孔子认为"参也鲁"，但他后来成为孔子弟子中传播儒家思想最为重要的代表人物，可以传《大学》、作《孝经》，把孔子的思想发挥得很充分，其对整个儒家的发展是非常重要的。

一、慎独省思

曾参年纪大了，生病了，眼见自己大限将至，就把他的学生召集到家中，说："看看我的脚，看看我的手！《诗经》上说：'战战兢兢啊，好像走在深渊旁边，好像走在薄冰上面。'直到现在，我才敢说自己可以免于毁伤了。同学们记住啊！"

曾参为什么讲这段话呢？因为古代的刑罚非常严酷，经常砍手断脚，残损肢体。一方面，曾参让学生们知道他的手脚都很好，就是说他这一生没有犯法，没有受到严格的惩罚；另一方面，身体发肤受之父母，不可损伤，我们要保护好得于父母的身体，要修养德行，成为一个卓越的人。

二、虽千万人吾往矣

孟子在提到关于勇敢守义的判断时就引述了曾参的话。《孟子·公孙丑上》谈到了三种勇敢：第一种勇敢是"勇于对抗"，代表人物是北宫黝，"恶声至，必反之"。第二种勇敢是"勇于自我要求"，代表人物是孟施舍，他善于使用心理战术。第三种勇敢是真正的勇敢，孟子特别引述了曾参的话："自反而不缩，虽褐宽博，吾不惴焉；自反而缩，虽千万人，吾往矣。"

三、重视风义

德能感人之谓风，言行方直之谓义。风、义为孔门所重视，而曾子是孔门中最重视师友风义的人。《礼记·檀弓上》载：子夏丧其子而丧其明。曾子吊之曰："吾闻之也，朋友丧明则哭之。"曾子哭。子夏亦哭，曰："天乎！予之无罪也！"曾子怒曰："商，女（同"汝"）何无罪也？吾与女事夫子于洙泗之间，退而老于西河之上；使西河之民疑女于夫子，尔罪一也；丧尔亲，使民未有闻焉（谓子夏丧亲，西河之民未闻其有特异之孝行，有如其因丧子而丧明之类），尔罪二也；丧尔子，丧尔明，尔罪三也。而曰女何无罪与（同"欤"）？"子夏投其杖而拜曰："吾过矣！吾过矣！吾离群而索居，亦已久矣。"

曾子去吊唁子夏，因为子夏失去了视力，这是朋友之间的深厚情谊。但曾子又因为子夏自称无罪而责备他，这是作为朋友应该做的，要指出对方的错误，帮助他变得更好。子夏其实有三项过错，但他自己却不知道。其中一个原因是他独自生活，没有朋友在身边互相讨论、互相帮助；另一个原因是他的名声已经很大，辈分也很高了，所以很少有人敢直接指出他的错误，他也就不再自我反省。曾子直接指出他的错误，而子夏听到曾子的话后，立刻扔下手里的手杖，向曾子行礼，说明他深刻地意识到了自己的错误。

曾子不仅与同门情深，对朋友义重，而且他对孔子人格的推崇，尤非他人可比。据孟子的记载，孔子死后，"子夏、子张、子游以有若似圣人，欲以所事孔子事之"，他们去问曾子，曾子曰："不可！江汉以濯之，秋阳以暴（同"曝"）之，皜皜乎不可尚已！"（《孟子·滕文公上》）。

子夏、子张和子游三人因为非常思念孔子，想要通过有若来重现孔子的精神风貌，以此重温与孔子相处的时光。他们因为这份深厚的情感，没有意识到这种做法并不合理，甚至想要说服曾子同意他们的想法。然而，曾子明白尊师的真正意义并不在于此，而在于坚守道义，所以他坚决地拒绝了他们的请求。

曾子认为，如果后世的人都像子夏他们这样做，就会造成混乱。他曾说："君子通过文章学问来结交朋友，通过朋友的帮助来培养仁德。"曾子拒绝他们，正是为了维护这种仁德。

这段话告诉我们，虽然对老师的思念和敬仰是深厚的，但我们应该用正确的方式来表达，不能违背道义。同时，我们也应该通过学习和交流来结交朋友，提升品德，这才是真正的尊师重道。

四、与曾子有关的章句

1.4 曾子曰："吾日三省吾身：为人谋而不忠乎？与朋友交而不信乎？传不习乎？"（《论语·学而》）。

1.9 曾子曰："慎终追远，民德归厚矣。"（《论语·学而》）。

4.15 子曰："参乎！吾道一以贯之。"曾子曰："唯。"子出。门人问曰："何谓也？"曾子曰："夫子之道，忠恕而已矣。"（《论语·里仁》）。

8.3 曾子有疾，召门弟子曰："启予足，启予手。诗云：'战战兢兢，如临深渊，如履薄冰。'而今而后，吾知免夫。小子。"（《论语·泰伯》）。

8.4 曾子有疾，孟敬子问之。曾子言曰："鸟之将死，其鸣也哀；人之将死，其言也善。君子所贵乎道者三：动容貌，斯远暴慢矣；正颜色，斯近信矣；出辞气，斯远鄙倍矣。笾豆之事，则有司存。"（《论语·泰伯》）。

8.5 曾子曰："以能问于不能，以多问于寡；有若无，实若虚，犯而不校，昔者吾友尝从事于斯矣。"（《论语·泰伯》）。

8.6 曾子曰："可以托六尺之孤，可以寄百里之命，临大节而不可夺也，君子人与？君子人也。"（《论语·泰伯》）。

8.7 曾子曰："士不可以不弘毅，任重而道远。仁以为己任，不亦重乎？死而后已，不亦远乎？"（《论语·泰伯》）。

12.24 曾子曰："君子以文会友，以友辅仁。"（《论语·颜渊》）。

14.26 曾子曰："君子思不出其位。"（《论语·宪问》）。

19.16 曾子曰："堂堂乎张也，难与并为仁矣。"（《论语·子张》）。

19.17 曾子曰："吾闻诸夫子：人未有自致者也，必也亲丧乎！"（《论语·子张》）。

19.18 曾子曰："吾闻诸夫子：孟庄子之孝也，其他可能也；其不改父之臣，与父之政，是难能也。"（《论语·子张》）。

19.19孟氏使阳肤为士师，问于曾子。曾子曰："上失其道，民散久矣。如得其情，则哀矜而勿喜。"（《论语·子张》）。

迁移与小试

《韩非子·外储说左上》记载了曾子杀彘（见图5-12）的故事，故事内容大致如下：曾子的妻子去集市时，孩子哭闹着要跟随。为了安抚孩子，妻子承诺回家后会杀猪给他吃。然而，当妻子回家后，曾子真的拿起刀要去杀猪。妻子阻止他，认为这只是对孩子的玩笑。但曾子严肃地表示，不能欺骗孩子，因为孩子会模仿父母的行为，如果父母不诚信，孩子也会学会撒谎。最终，曾子杀了猪，履行了对孩子的承诺。你认为《韩非子》中的曾子和《论语》中的曾子是同一个人吗？

图5-12　曾子杀彘

第六章

《论语》里的家国情怀

本章将探讨《论语》中的家国情怀，这是一次心灵的触动和思想的启迪。在这里，我们将探索那些从古至今一直闪耀着智慧光芒的儒家思想，如"仁义礼智信"，这些不仅是古人的教诲，也是我们现代社会的宝贵财富。

我们还将挖掘《论语》中的珍贵思想，看看这些思想是如何成为我们面对未来挑战的智慧钥匙的。我们还会一起了解历史上的名字，如霍去病、诸葛亮，他们的故事和儒家文化有着千丝万缕的联系。

我们还会发现，"国"和"家"这两个看似普通的汉字，背后其实蕴藏着深厚的中华民族的精神内涵。

通过学习孔子从政的故事，我们会看到，即使在政治上遇到挫折，孔子依然坚持着自己的理想，他心怀天下，心怀仁爱，用自己深刻的思想和教育理念影响着世界。

孔子的教育思想也非常了不起。他提倡"有教无类"，即让每个人都有受教育的机会。他的教学注重文、行、忠、信，培养德才兼备的"君子"。孔子还强调了学习的重要性，认为学习是一个持续的过程，应与实践相结合。

最后，我们可以看到，诚信在孔子的思想中同样占据重要地位。他认为诚信是个人修养良好和政治清明的基础。孔子希望以信立人，以信立国，构建一个理想的社会。这对我们当前构建和谐社会有着启发意义。

在本章中，我们不仅会学到知识，更会学到如何成为一个像孔子一样有责任感、有情怀的人。

第一节 从过去到未来的时空穿越

名著与生活

　　你们有没有听过一首名叫《家国情怀》的歌？我们一起来欣赏它的部分歌词："仁义礼智信，恕忠孝悌忍，温良恭俭让，从古唱到今，老祖先的箴言，激荡着上下五千年，老百姓的誓言，茁壮了厚德的诗篇，历练的昨天，擦亮了无数双慧眼，新时代的今天，重塑着多少感恩，根与心相牵，心与脉相连，怀抱家国的爱恋，撑起华夏一片天……国与家相守，家与我相恋，挺立担当的双肩，家国情怀永远在我心间。"

　　这首歌的歌词是由作家、音乐人冰耘创作的，充满了正能量。这首歌唱出了《论语》中倡导的重要思想内容"仁义礼智信，恕忠孝悌忍，温良恭俭让"，而这些思想"从古唱到今"，可以说跨越了千年，甚至在未来，其依然能够熠熠生辉。这就是《论语》的魅力，是儒家思想的魅力。

思考与联想

　　说到家国情怀你能想到哪些历史人物呢？这些人物的精神是否与儒家思想文化有关？家国情怀是历代有识之士的精神追求。强烈的忧患意识，积极的入世精神，匡扶天下的济世情怀，是家国情怀的精髓所在。以民族大义为念，以家国天下为重，把个人追求与社会目标统一起来，把个人命运与国家命运联系在一起，这种强有力的诉求成为中华民族的重要精神支柱。霍去病的"匈奴未灭，何以家为"，诸葛亮的"鞠躬尽瘁，死而后已"，范仲淹的"先天下之忧而忧"，顾炎武的"天下兴亡，匹夫有责"，等等，都可以归于对家国治、天下平的理想追求。这些人正是深受儒家文化熏陶的知识分子。

孔子的《论语》虽然诞生在春秋战国时代，但它蕴含着博大精深的哲学思想和道德观念，这些思想不仅在古代适用，而且在现代和未来世界，其依然能闪闪发光，展现出它的独特魅力。

让我们一起挖掘《论语》里的珍贵思想，看看哪些是可以"穿越时空"到未来社会的。掌握了这些密钥，我们就能更有智慧地面对未来的挑战，努力打造一个更加和谐、公正的社会。

一、提倡"仁"的普世价值

《论语·颜渊》中，樊迟问仁，子曰"爱人"，孟子又进一步概括为"仁者爱人"，强调的是一种普遍的人类之爱。在未来社会，这一思想仍然具有重要意义。面对全球化带来的文化交流与冲突，以及人工智能、生物科技等领域的飞速发展，人类需要更加尊重生命和关爱他人。"仁"的普世价值能够引导我们在科技发展的同时，不忘对人类福祉的追求，确保科技的发展服务于人类的共同利益。

二、提倡"礼"的秩序构建

孔子认为"礼"是维护社会秩序的基础，主张"克己复礼"。在未来社会，随着经济全球化和信息网络化的深入发展，社会结构和人际关系会变得更加复杂。在这种情况下，"礼"的精神——尊重、礼貌和规范行为——对于构建一个有序和谐的社会显得尤为重要。通过"礼"的规范，我们可以在保持个体自由的同时，促进社会的稳定与和谐。

三、提倡对"学"的终身追求

孔子提出"学而不厌，诲人不倦"，强调了学习和教育的重要性。在未来社会，知识更新的速度会日益加快，终身学习成了适应社会发展的必要条件。这就要求我们不断学习新知识、掌握新技能，为国家的繁荣和个人的成长贡献力量。通过学习，我们可以更好地理解世界，更有效地参与到未来社会的建设中。

四、和而不同的文化包容

孔子提出的"君子和而不同"，强调的是在保持个体差异的同时，追求社会的和谐统一。在未来社会，文化多元化和价值观的多样性将更加显著。这一思想教导我们在尊重差异的基础上寻求共同点，促进不同文化、信仰和价值观之间相互理解和尊重。这对于构建一个包容开放的未来社会具有重要的指导意义。

总而言之，《论语》中的哲学思想和道德观念不仅是对过去文化的传承，更是对未来社会的期许，是中国人将小家与大国联系在一起的宝贵的思想基础。通过仁、礼、学、和而不同等思想的传承与实践，我们可以在快速变化的未来社会中找到道德的指引和行动的动力，共同构建一个和谐、有序、充满活力的未来世界。

拓展与延伸

我们上面讲到了"家国情怀"，那么你了解"国"和"家"两个字的来历吗？

"国"本义指疆域、地域，是"域"的古字，又引申指王、侯的封地，或天子统治的区域、战国以后主要指国家。到了篆文中，"國"字多了里面的"一"和外面的"囗"（见图6-1），"一"表示"土地"，"囗"（wéi）表示"边境"。看来在几千年前，古汉字就已经深刻地解释了构成国家的一些基本要素——边境、疆域、土地、人口、军队等。

甲骨文　金文　大篆　小篆　隶书　草书　楷书

图 6-1 "国"的演变 ①

那么为什么"國"会被简化为"国"呢？

原来在太平天国时期，具有浓郁帝王思想的洪秀全为了树立自己的绝对权威，诏令将"国"字中的"或"字改成了"王"字。

中华人民共和国成立后，人民当家做主，"囯"并不符合时代潮流。

时任汉字简化方案审定委员会副主任的郭沫若提议，"囗"里面再加一个点，成为"国"，既便于书写，又有"祖国美好如玉"的意思，于是就有了今天的"国"字。

"家"是由"宀＋豕"组成的。"宀"，是"房屋"的象形字；"豕"，是"猪"的象形字（见图 6-2）。故"家"字的本义是：上层住着人、下层养着猪的房屋，就是人生活的地方。

甲骨文　金文　大篆　小篆　隶书　草书　楷书

图 6-2 "家"的演变 ②

在商代甲骨文中，"家"中的"豕"大多是画出猪体的轮廓，有些只画出猪

---

① 李学勤. 字源 [M]. 天津：天津古籍出版社，2012：559.

② 同①：654.

体的线条。

演变到周代金文时,"豕"将猪的后蹄和猪尾的笔画连成一笔,东汉隶书中又分成三笔,其书写更加便利。

在古代,社会生产力低下,打猎捕食的偶然性很大,生活没有保障。

因此人们大多在屋子里养猪备食,以防饥荒,房子里有猪就成了家庭的一个基本特征。

当家以是否养猪而不是羊来标识时,就表明当时的中原已经摆脱了以往游牧的生产、生活方式,进入了农耕社会。

到了现在,"家"已经有了更深层的内涵,不仅是指生活的住所,还可以内化成一种归属感。在各个领域取得一定成就的人,也称为"家",如书法家、文学家等。

同时,"家"也象征了很多美好的意象,如"欢聚""团圆"。

"国"和"家"相互依存、荣辱与共,"家文化"是一个家庭、家族的文化,也是一个国家的文化。

 迁移与小试

亨利·基辛格在其著作《论中国》中特意将中国的围棋棋谱纳入书中。他强调,围棋所体现的"战略灵活性",即追求共存下的胜利,与国际象棋追求全胜全败的"目标专一性"形成鲜明对比,显示出围棋具有更广阔的包容性。在国际象棋中,胜利是通过不断"吃子",迫使对手陷入绝境来实现的。相比之下,围棋的胜利则是通过不断"占空",确保双方都有生存的空间,通过相对的"积小胜"来实现的。

伦敦政治经济学院的柯岚安教授提出,"和谐""大同"等概念与"国际""安全"等主流国际关系术语相比,展现了其"规范性软实力"。这些词汇体现了中国人以"天下"的视角来理解世界,反映出中国人对"世界秩序"的看法。

这两段话与上文提到的《论语》中的理念有没有相通之处?你是如何看待的?

第二节 以仁为政——一个卓越的领袖

　　说到"政治""政治家"，你可能会觉得很严肃，很遥远，但说起身边"天更蓝、水更绿、胡同更有秩序，在家门口跟老友坐湖边下棋、遛鸟，别有一番趣味儿"的景象，你是不是觉得很亲切？

　　在北京永定河的莲石湖畔，向西沿着长安街沿线望去，首钢园这个拥有百年历史的工业锈带，正焕发着勃勃生机。三高炉巍峨地耸立着，与栈桥、亭台、绿树和清澈的池塘相映成趣，与滑雪大跳台共同构成了一幅奥运文化与工业遗产、历史沉淀与自然风光交织的美景。这幅景象成了城市复兴的新标志。

　　一座城市的建设与管理等事务与从政者的政治理念密不可分。

　　你了解孔子的政治理念吗？你认为他会怎样治理一座城市呢？他的政治理念对当今的国家治理有没有产生影响？

　　我们都知道，孔子提倡"为政以德""仁者爱人"，那孔子在平时有没有贯彻这种理念呢？《论语》中有这么一段记载：孔子在其马棚失火时首先关心是否有人受伤，而不关心马的伤亡情况。从现代视角来看，这件事看起来似乎并不值得记录。但是，如果我们能够回到孔子所处的礼崩乐坏的时代，就能发现这件事确实不同寻常。在春秋时代，马不仅具有极高的经济价值，而且马车还是贵族身份的标志。因此，孔子先询问人的情况而不是马的情况表明了在我们的道德考量中，人的生存状况应占据核心位置，并且应当是道德关怀的首要目标。这正是人文主义立场的一个典型表现，体现了仁者爱人的思想。这种思想不仅体现在孔子的日常生活中，也体现在他的政治理念中。

孔子为了宣传自己的政治理念，不惜冒着生命危险周游列国，这与前面我们提到的家国情怀异曲同工。

 究底与寻根

在前面的章节里，我们已经介绍了孔子多方面的思想，那他在政治上有何建树？政治经历如何？孔子可以被称为政治家吗？

孔子出生在士族家庭，家庭氛围让他早早就展现出了与众不同的气质。根据《史记·孔子世家》，"孔子为儿嬉戏，常陈俎豆，设礼容。"小孔子玩耍时，不是随意地追逐打闹，而是喜欢摆弄祭祀用的器皿，模仿大人们的礼仪动作。

孔子在《论语》里说自己"十有五而志于学"，即十五岁就立志学习，目标明确。孔子三十岁时已经立下了弘扬圣贤之道的宏伟志愿。这也为他后来的从政打下了良好基础。

孔子在政治方面自信满满，他在《论语·子路》里说："苟有用我者。期月而已可也，三年有成。"也就是说，如果有人用他来治理国家，他有信心一年就能初见成效，三年就能取得显著成效。

虽然孔子家里一开始并不富裕，社会地位也不高，但他凭借自己的努力和才智，从季氏的小吏做起，不管是管理仓库还是牧场，都做得有声有色。后来，他的才能被鲁定公发掘，先是让他当中都宰，也就是一个地方的长官，没过多久，他的管理才能就让各地都开始模仿学习。凭借出色的表现，孔子一路升迁，从司空升到大司寇，也就是从建设部长做到了司法部长。

下面我们梳理一下孔子的从政经历和政治成就。

（1）担任中都宰：孔子在 51 岁时被任命为中都宰，负责治理鲁国首都，任职一年后，各地纷纷效法，政绩显著。

（2）担任大司寇：52 岁时，孔子升任小司空，后升为大司寇，相当于司法部部长，并一度代理宰相职务。

（3）夹谷之会：在孔子任大司寇期间，齐国大夫黎鉏担心鲁国的孔丘对齐构

成威胁，便提议齐景公与鲁定公在夹谷友好会晤。鲁定公未设防备，准备前往。孔子作为大司寇，建议定公带司马以备不测。在会晤中，齐国先是安排了一番外族舞蹈和武装表演，孔子及时制止，要求停止不合礼节的表演。随后，齐国又让艺人和侏儒表演，孔子再次迅速反应，要求依法处理惑乱君心的行为。他说："闲杂人等敢来迷惑诸侯，论罪当杀！请命令主事官员去执行！"于是主事官员依法将他们处以腰斩。齐景公感到非常羞愧和恐慌，有司进对他说："君子有了过错，就用实际行动来向人家道歉认错；小人有了过错，就用花言巧语来谢罪。您如果痛心，就用具体行动来道歉吧。"他归还了之前占领的鲁国土地，以此向鲁国表示歉意和悔改。

（4）隳三都：公元前497年夏，孔子为加强中央集权，策划并实施了"隳三都"政策，即拆毁三位卿大夫封地上不合礼制的城墙。孔子建议鲁定公限制贵族私藏武器和筑城，随后指示仲由（子路）着手拆除季孙氏、孟孙氏、叔孙氏三大家族封地的城墙。叔孙氏率先拆了郈邑城墙，季孙氏也准备拆费邑城墙。但公山不狃和叔孙辄率费邑人反抗，攻击鲁定公和三家的避难所。孔子指挥申句须、乐颀反击，费邑人败逃，最终在姑蔑被彻底击败，公山不狃和叔孙辄逃亡至齐国，费邑城墙终被拆除。

（5）代理国相：鲁定公十四年（公元前496年），孔子五十六岁，他由大司寇代理国相职务。他的弟子说："听说君子大祸临头不恐惧，大福到来也不喜形于色。"孔子说："是有这种说法，但不是还有一句'乐在身居高位而礼贤下士'的话吗？"后来，孔子把扰乱国政的大夫少正卯杀了。孔子参与国政三个月，贩卖猪、羊的商人就不敢漫天要价了；男女行人都分开走路；掉在路上的东西也没人捡走据为己有；各地的旅客来到鲁国的城邑，用不着向官员们求情送礼，都能得到照顾，好像回到了自己家中一样。

读完孔子的从政历程，你是否也跟孔子一样对自己的政治能力信心满满呢？

孔子一直坚信"为政以德"的理念。就像他在《论语》里说的："为政以德，譬如北辰，居其所而众星共之。"这句话的意思就是，如果领导者有德行，那么人民自然而然就会跟随他，就像星星绕着北极星一样。也就是强调为政者自身的德行，为政者有德，百姓自然跟从。

孔子还有很多优秀理念，如"仁者爱人""取信于民""正名"等，他认为管理国家和管理人际关系其实是相辅相成的。虽然孔子的这些主张是在千年以前提出的，但它们对我们现在和将来的政府管理都有着启发和影响。

从孔子的从政经历我们能看出他政治理想远大，政治能力非凡，那孔子为何退出了从政？

孔子退出政坛的原因是多方面的，我们一起分析一下。

在主观方面，孔子所处的政治环境不尽如人意且不断恶化，而且孔子的政治理想与当时的政治环境存在较大差距。孔子处于诸侯争霸、礼崩乐坏的时代，而他的主张显得不合时宜，导致他在政治上成为一个完美主义者，难以在现实中实现其理想。

孔子在鲁国实施了一系列政治改革，包括"堕三都"等措施，旨在削弱贵族的权力，加强中央集权。然而，这些改革遭到了贵族的强烈反对，最终都以失败告终。

此外，孔子在鲁国的政治活动中与当权者产生了矛盾，如他与季桓子等人的关系紧张，加之小人的诋毁，孔子在鲁国的政治地位有所动摇。

在客观方面，齐国为了遏制鲁国的发展，采取了一系列手段，如送给鲁国君臣歌舞女子以分散其注意力，导致鲁国君臣开始沉迷于享乐，忽视政事，孔子对此深感失望。

另外，社会的动荡使孔子在政治活动中也有安全风险，如在宋国遭遇桓魋的威胁，这些经历也促使他重新考虑自己的从政之路。

因此，孔子的个人政治理想发生了转变。在经历了一系列的政治挫折后，孔子逐渐意识到自己在现实政治上的努力可能无法继续推动社会的发展与进步，从而开始转向教育和文化传承工作。

孔子晚年将更多的精力投入文化传承和教育工作，他认为自己有文化传承的使命，于是他整理六经，致力于教育弟子，传播自己的思想。

我们可以看出，孔子不再从政的原因非常复杂，涉及他的理想、政治氛围、社会变化和他自己的内心选择等。虽然孔子没能在政治舞台上大展拳脚，但这并不妨碍他成为一位优秀的政治思想家。他那些关于治理国家的思想就像一颗颗种子，种在了历史长河里，影响了一代又一代的人。

孔子的从政经历告诉我们，有时候，最伟大的影响来自那些选择用思想而非权力改变世界的人。

中国已经进入老龄化迅速发展期，且老龄人口长期保持净增长（见图 6-3），预计在今后的十年里，每年至少新增 2000 万老年人。

图 6-3　近年中国老龄人口规模及预测（单位：亿人）①

在此背景下，我国结合实际，提出了"银发经济"的新发展理念，所谓"银发经济"指的是向老年人提供产品或服务，以及为老龄阶段做准备等系列经济活动，包括衣食住行、医疗、娱乐等多维度产业，以此满足老年人的基本需求和深层需求。

学习完孔子的政治理念，假设你是从政的孔子，你会如何应对老龄化问题？

---

① 中华人民共和国民政部全国老龄办. 2022 年度国家老龄事业发展公报 [R/OL]. （2023-12-14）[2023-12-14]. https://www.gov.cn/lianbo/bumen/202312/content_6920261.htm.

第三节 以教兴国——一个光明的未来

孔子是一个将毕生精力都贡献给教育事业的人，《论语》生动地体现了孔子的教育思想。孔子意在培养健全的人格并以身作则，适应学生的差异性，引导学生学、思并进，并且着重于生活的实践，从礼、乐两方面辅弼，以陶冶性情，引导每一个人都过一种理想的生活，进而通过教育兴国，让社会变得更加美好和谐。

孔子提出的"有教无类"理念在当今社会如何体现？我们如何确保教育的公平性和普及性，让每个孩子都能享有受教育的机会？

孔子注重情感、理性和意志的培养，这在学生的成长过程中有何重要性？你如何在教育过程中关注学生的情感体验、理性觉知和坚定的意志？

一、有教无类

在孔子之前，一般平民根本没有受教育的权利，只有公卿大夫的子弟才有资格接受教育。在官学衰废、私学兴起的历史进程中，孔子从其"性相近也，习相远也"（《论语·阳货》）的理念出发，首倡"有教无类"（《论语·卫灵公》）的教育思想，具有重要的进步意义。何谓"有教无类"，其有很多注解。马融注曰："言人所在见教，无有种类。"皇侃注曰："人乃有贵贱，同宜资教，不可以其种类庶鄙而不教之也；教之则善，本无类也。"朱熹说："人性皆善，而其类有善恶之殊者，气习之染也。故君子有教，则人皆可以复于善，而不当复论其类之恶矣。"（《论语集注卷八·卫灵公第十五》）杨伯峻在《论语译注》中作了较为通俗的解释："人人我都教育，没有（贫富、地域等）区别。"孔子自己则说："人洁己以进，与其洁也，不保其往也。"（《论语·述而》）所以他才会有弟子三千，贤人七十二。其中既有华夏人，也有华夷人；既有贵族，也有平民；既有乡间童子，也有村野鄙夫。孔子对学生"自行束修以上，吾未尝无诲焉。"（《论语·述而》）"欲来者不距，欲去者不止。"（《荀子·法行》）必然就会出现"夫子之门何其杂也"（《荀子·法行》）的局面。孔子"有教无类"的思想顺应了当时文化下移的发展趋势，破除了公卿大夫对教育的独占局面，扩展了教育对象，打破了"学在官府"的垄断，为春秋战国时期的学术繁荣和百家争鸣创造了条件。

二、文、行、忠、信

孔子将"文行忠信"作为其教学大纲；将礼、乐、射、御、书、数六艺作为其教育科目；"孔子以诗书礼乐教"（《史记·孔子世家》），再加上《易》和《春秋》组成六书作为其教材。

"子以四教：文，行，忠，信。"（《论语·述而》）。何谓文、行、忠、信，清代学者刘宝楠解释："文，谓诗、书、礼、乐，凡博学、审问、慎思、明辨，皆文之教也；行，谓弓行之；中心尽心曰忠；恒有诸己曰信。人必忠信而后可致知力行。故曰忠信之人可以学礼，此四者，皆教成人之法，与教弟子先行后学文不同。"（刘宝楠《论语正义》）杨伯峻译为文，历代文献；行，社会生活的实践；忠，对待别人的忠心；信，与人交际的信实。文化知识、实践活动、忠诚仁爱、恪守信用是也。

礼、乐、射、御、书、数六艺被周王朝和各诸侯定为贵族学校的必修科目，后来成为孔子兴办私学的六门课程，他不仅重视知识的传授，更重能力的培养。

三、君子人格

孔子崇尚"君子人格"，认为君子具有仁义至上的价值取向，他说："夫仁者，己欲立而立人，己欲达而达人。"（《论语·雍也》）"无求生以害仁，有杀身以成仁。"

（《论语·卫灵公》）他还说："君子喻于义，小人喻于利。"（《论语·里仁》）"不义而富且贵，于我如浮云。"（《论语·述而》）在道德自律方面，君子与小人的分野之一是："君子求诸己，小人求诸人。"（《论语·卫灵公》）"君子成人之美，不成人之恶。小人反是。"（《论语·颜渊》）君子应该是道德力量、智慧力量、素质力量的统一，"君子道者三，我无能焉：仁者不忧，知者不惑，勇者不惧。"（《论语·宪问》）

从另一个方面孔子又说："君子不器。"（《论语·为政》）君子不能只是做一个器皿，而应该是精通学理、人情练达、深知世故的济世之才和治国安民的贤能之士。著名哲学家陈来先生指出："在教育上，'道'代表以德行为中心的健全人格的塑造，是教育的目标和理想，这是孔子开创的儒家教育的实践所始终强调的。中国古代的教育，始终强调学习'做人'。"

 **究底与寻根**

"教"甲骨文从攴从子从爻，爻也是声符。攴像教鞭，教师会手执教鞭，摆弄筹策，教导孩子计数或算卦。"教"本义是教导。古教、学、敎三字兼表施教与受学两重意义，《尚书·说命》："敩学半。"敩即教字，表示教导是学习的一半，犹今言教学相长。

金文从攴从学，学既是教的声符，又是意符。战国竹简或不从子而从言，是言教之教的专字（见图6-4）。

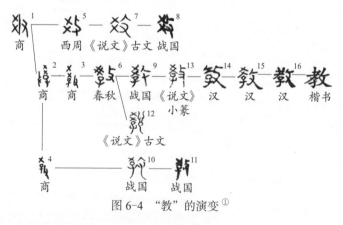

图6-4　"教"的演变①

---

① 李学勤. 字源 [M]. 天津：天津古籍出版社，2012：264

一、束修

子曰："自行束修以上，吾未尝无诲焉。"（《论语·述而》）束修为束脯之义，俗称十条干肉，是拜见老师的礼物。

束修是拜师的见面礼，不是学费。孔子收徒不问出身，只问有没有见面礼。

二、冠者五六人，童子六七人

在《论语·先进》"侍坐章"中，弟子陪侍长者先坐，孔子让弟子各言其志，曾皙云："莫春者，春服既成。冠者五六人，童子六七人，浴乎沂，风乎舞雩，咏而归。"曾皙的话引起了孔子的共鸣，孔子立刻回应："吾与点也！"

皇侃《论语义疏》记载："或云：冠者五六，五六三十人也；童子六七，六七四十二人也。四十二就三十，合为七十二人也，孔门升堂者七十二人也。"著名诗人陶渊明曾经写过一首《读史述·七十二弟子》，开篇就说："恂恂舞雩，莫曰匪贤。"显然用的就是"侍坐章"的典故。说明"好读书，不求甚解"的五柳先生很可能也将"冠者五六人，童子六七人"理解为孔门七十二贤人了。

在金庸先生的《射雕英雄传》中，黄蓉戏问段王爷手下的书生：孔子弟子七十二人中，有老有少，可知其中冠者几人，少年几人？书生答不上来，称此事经传不载。然后黄蓉就引据"冠者五六人，童子六七人"，称五六三十，可知冠者有三十人；六七四十二，可知童子四十二人。两者相加，不多不少正是七十二弟子。在京剧《连升店》中，也有一段类似的戏言，趋炎附势、不学无术的旅店主人问投宿的穷举子王明芳：孔夫子的七十二贤人里有多少成家的，有多少尚未娶妻的，王明芳答不出，店家也引用"冠者五六人，童子六七人"，称成家的就是冠者，没娶妻的就是童子，所以是三十位成家的，四十二位未娶妻的。

迁移与小试

孔子强调"学而不厌，诲人不倦"（《论语·述而》），认为学习是一个持续不断的过程，一个人无论年龄、身份、地位如何，都应该保持对知识的渴望和追求。

孔子提倡因材施教，这意味着每个人的学习路径和方法都应该是独特的。我们应该根据自己的兴趣、特长和需求，制订适合自己的学习计划，选择适合自己的学习方式和资源。同时要注重学习的系统性和连贯性，确保所学知识能够相互关联、相互促进。

孔子认为"学而时习之，不亦说乎"（《论语·学而》），强调学习与实践相结合的重要性。我们应该将所学知识运用到实际生活中，通过实践来检验和巩固。同时，要关注社会发展的新动态和新需求，不断调整和优化自己的学习内容和方向。

孔子强调"三人行，必有我师"（《论语·述而》），认为每个人身上都有值得学习的地方。

结合上述思想，你认为你在平时的生活学习中应当怎么做？

第四节　以信立国——一份无形的契约

名著与生活

"信"是《论语》传达的重要思想之一。孔子说："人而无信，不知其可也。大车无輗，小车无軏，其何以行之哉？"（《论语·为政》）"信"对于个人来说虽然不是最重要的道德品质，但它在人的言语、行为中起着重要的作用。诚信是人安身立命的关键，人无信则无以立、无以行。

进而推之，"信"是政治的基础和从政的需要。也就是说，从政者最重要的是获取民众的信任与支持、拥护，它将决定国家政权的兴亡。

> 孔子希望以信立人，进而以信立国，构建一份无形的契约，实现他心中的理想社会。

在《论语》中，孔子是如何阐述诚信在个人修养中的重要性的？这种诚信观念在现代社会中是否同样具有实际意义？

诚信与仁爱、礼义等其他儒家思想有何关联？在《论语》中，这些思想是如何相互补充、共同构成儒家道德体系的？

一、敏于事而慎于言

孔子认为，一个人只有以诚信为本才能有所进步与发展，他说"君子食无求饱，居无求安，敏于事而慎于言"（《论语·学而》），又说"君子欲讷于言，而敏于行"（《论语·里仁》），告诫人们为人做事要勤奋敏捷，也要小心谨慎。孔子为什么要强调"慎于言"呢？这也是出于对诚信的考虑。孔子认为一个人说过的话和承诺的事是必须按时按期完成的，这是做人的一个基本准则。因此，对于没有把握完成的事，在孔子看来是万万不能轻言承诺的。对此，宋代思想家朱熹在点评孔子的诚信思想时说："敏于事者，勉其所不足。慎于言者，不敢尽其所有余也。"（《论语集注》）又专门叙述为"事难行，故要敏；言易出，故要谨"（《朱子语类》卷第二十二），从因由层面说明了诚信在个人发展过程中所具有的重要意义。

二、与朋友交，言而有信

孔子认为，一个人在人际交往时信守诺言、处世实在，是一种美德，他说"与朋友交言而有信"（《论语·学而》）、"始吾于人也，听其言而信其行；今吾于人也，听其言而观其行"（《论语·公冶长》）。他认为，在与朋友相处时，彼此要以真实的言语和感情进行交往，知心坦诚、肝胆相照，不要存在任何涉及欺骗、诡诈、自私的成分；在对待朋友时，一定要讲究真实与坦诚，受人之托、忠人之事必须尽力办到，若实在无法办到，就要及时向朋友说明和解释缘由；朋友之间不能只讲义气而失去正气，要听其言也要观其行，以实际作为来评判一个人的个性品质。孔子特别反对与人交往时采取投机取巧、弄虚作假、趋炎附势、口是心非的做法，非常珍视诚信的重要作用。

孔子认为，人在人际交往时还要做到"君子坦荡荡，小人长戚戚"（《论语·述而》）。意思是说，君子通晓天下事理，讲究诚信规则，故待人接物处世就如同在平坦大道上行走，安然而舒泰；小人心思重而常为物质小利所拖累，故狡诈突变、患得患失，常含戚戚之心。对此，宋代程颐曾评论说孔子的思想是："君子循理，故常舒泰；小人役于物，故多忧戚。"（《论语集注》）正所谓"君子……有终身之乐，无一日之忧……小人……有终身之忧，无一日之乐"（《荀子·子道》），而"忧"与"乐"最大的区别在于人际交往过程中是否遵循诚信的道德原则。

三、敬事而信

孔子说："道千乘之国，敬事而信，节用而爱人，使民以时。"（《论语·学而》）他认为诸侯国的治理者对政事应严肃认真，严守信用。当子贡问怎样治理国家时，孔子提出了三大要事："足食。足兵。民信之矣。"（《论语·颜渊》）当子贡一再追问三者中哪个可以"必不得已而去者"时，孔子将"民之信"留到了最后，因为"自古皆有死，民无信不立"（《论语·颜渊》）。所以，子夏指出，君子从政时首先应当设法获信于民与君，应当"信而后劳其民""信而后谏"（《论语·子张》），这是取得政绩的前提条件；反之，对百姓而言，"未信则以为厉己也"（《论语·子张》）；对君王而言，"未信则以为谤己也"（《论语·子张》）。

 究底与寻根

"信"秦汉文字从人、言，或仁、言，会人言可信之意，人（仁）亦声。

"信"字是战国时代使用频率极高的一个字，但地域差别很大，六国文字各有特点。"信"字在战国时代大量用于人名、封君名，还作为吉语铭刻在印章中，可以看出在那个说客遍地、诈伪横行的时代，人们内心对诚信的渴望。"信"本是一个形声字，"信"字的演变如图 6-5 所示，从"千"声，或从"身"声。秦文字从"人"或"仁"声，可能蕴含着对人言诚信的期望。所谓人言为信，不是说人言必诚信，更不是人言必可信，而是期望人言诚信，期望可信人言。

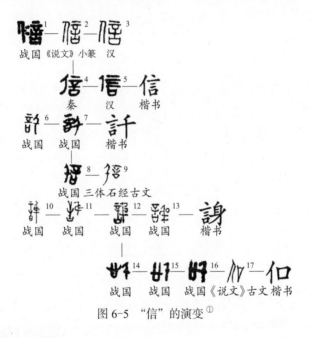

图 6-5 "信"的演变[①]

一、立木为信

　　战国时，商鞅辅佐秦国，决心改革政治以充实国力。"令既具，未布，恐民之不信"，于是商鞅就想了个办法，在都城的正门前放了一根粗原木，上边贴了一张告示："将此原木搬至北门者，赏黄金十两。"围观的人不相信有这样的好

---

① 李学勤. 字源 [M]. 天津：天津古籍出版社，2012：175

事，谁也不肯去搬。商鞅将黄金增至五十两。这时，一个男子半信半疑地将木头搬到了北门，他马上得到了意想不到的五十两黄金。围观的人后悔不已。从这以后，商鞅很快得到了人们的信任，其变法得以顺利推行。在这里，商鞅看到了"民之信"对于变法的极端重要性，因而采取策略获得了这宝贵的"民之信"。新法"行之十年，秦民大悦，道不拾遗，山无盗贼，家给人足"，取得了巨大成功。

二、季布一诺千金

秦朝末年，在楚地有一个叫季布的人，他性情耿直，为人侠义好助。只要是他答应过的事情，无论有多大困难，就一定要办到，从未失信于人，他也因此受到大家的赞扬。

楚汉相争时，季布是项羽的部下，曾几次献策，使刘邦的军队吃了败仗，刘邦当了皇帝后气恨不已，下令通缉季布。

这时，敬慕季布的人都在暗中帮助他。不久，季布化装后到山东一家姓朱的人家当佣工。朱家明知他是季布，仍收留了他。后来，朱家又到洛阳去找刘邦的老朋友汝阴侯夏侯婴说情。刘邦在夏侯婴的劝说下撤销了对季布的通缉令，还封季布做了郎中，不久又改做河东太守。

季布有一个同乡人叫曹丘，擅长辞令，能言善辩，多次借重权势获得钱财。季布一贯看不起他。听说季布又做了大官，他就马上去见季布。

季布听说曹丘要来，就板着脸，准备发落几句话，让他下不了台。谁知曹丘一进厅堂，不管季布的脸色多么阴沉，话语多么难听，他都对着季布又是打躬，又是作揖，并说道："楚人有句谚语说：'得到黄金百斤，比不上得到你季布的一句诺言。'再说我是楚地人，您也是楚地人。由于我到处宣扬，您的名字天下人都知道，难道我对您的作用还不重要吗？您为什么要这样坚决地拒绝我呢！"

季布听了曹丘的这番话，心里顿时高兴起来，留他住了几个月，作为贵客招待。曹丘临行前季布还送给他一份厚礼。后来，曹丘又继续替季布到处宣扬，季布的名声也就越来越大了。

诚信就像一盏明灯，照亮我们前行的道路。在学习中，我们要诚实守信，不抄袭、不作弊，用自己的真实努力去赢得每一次的进步。在生活中，我们要言出必行，信守承诺，让身边的人感受到我们的可靠与担当。

让我们将"以信立国"的智慧迁移到我们的青春之路上。如果我们每个人都能够诚实守信，那么我们的班级、我们的学校、我们的社会将会变得更加和谐美好。

我们能否来小试一下？在接下来的一个月里，我们可以设立一个"诚信挑战"，每个人都要努力做到诚实守信，不撒谎、不欺骗。同时，我们也可以互相监督，鼓励彼此在诚信的道路上越走越远。

参考文献

[1] 许慎. 说文解字 [M]. 北京：中华书局，2013.

[2] 老子. 道德经 [M]. 张景，张松辉，译注. 北京：中华书局，2016.

[3] 钱穆. 论语新解 [M]. 武汉：长江文艺出版社，2020.

[4] 钱穆. 孔子传 [M]. 北京：生活·读书·新知三联书店，2012.

[5] 钱穆. 劝读论语和论语读法 [M]. 北京：商务印书馆，2014.

[6] 钱穆. 孔子与论语 [M]. 北京：九州出版社，2011.

[7] 陈鼓应. 老子今注今译 [M]. 北京：中华书局，2020.

[8] 杨伯峻. 论语译注 [M]. 北京：中华书局，2009.

[9] 杨伯峻. 孟子译注 [M]. 北京：中华书局，2005.

[10] 荀子 [M]. 方勇，李波，译注. 北京：中华书局，2015.

[11] 司马迁. 史记 [M]. 北京：中华书局，2011.

[12] 施耐庵，罗贯中. 水浒传 [M]. 北京：人民文学出版社，1997.

[13] 李学勤. 字源 [M]. 天津：天津古籍出版社，2012.

[14] 康德. 判断力批判 [M]. 北京：商务印书馆，1985.

[15]《辞海》编辑委员会. 辞海 [M]. 6 版. 上海：上海辞书出版社，2009.

[16] 中国大百科全书总编委会. 中国大百科全书 [M]. 2 版. 北京：中国大百科全书出版社，2009.

[17] 李零. 丧家狗 [M]. 太原：山西人民出版社，2007.

[18] 李零. 去圣乃得真孔子 [M]. 北京：生活·读书·新知三联书店，2014.

[19] 陈来. 孔子·孟子·荀子 [M]. 北京：生活·读书·新知三联书店，2018.

[20] 陈来. 孔夫子与现代世界 [M]. 北京：北京大学出版社，2011.

[21] 陈来，甘阳. 孔子与当代中国 [M]. 北京：生活·读书·新知三联书店，2008.

[22] 蒋绍愚. 论语研读 [M]. 上海：中西书局，2018.

[23] 子安宣邦. 孔子的学问 [M]. 吴燕，译. 北京：生活·读书·新知三联书店，2017.

[24] 徐刚. 孔子之道与《论语》其书 [M]. 北京：北京大学出版社，2008.

[25] 蔡志忠. 漫画论语 [M]. 北京：中信出版社，2016.

[26] 5000 言 [OL]. https://lunyu.5000yan.com.

[27] 卢文丽. 孔子君子观对大学博雅教育的启示 [J]. 扬州大学学报（高教研究版），2023，27（5）：28-37.

[28] 管宗昌. 论孔子对管仲评价的一致性：兼及孔子仁学理论的多维性 [J]. 北方论丛，2018（3）：65-69.